Métive

un art de vivre

Créé et dirigé par Romain Naudin

Lire, déambuler, s'enticher

« J'ai surtout été voyageur immobile, ce qui a permis à mon imagination de se développer. »

YSL

110 DÉAMBULATIONS DOUCES EN ITALIE

POUR LE **VOYAGEUR CURIEUX**

Alain Rimondi et Aurore Lucas

LIEUX D'EXCEPTION EN ITALIE

110 DÉAMBULATIONS DOUCES EN ITALIE

POUR LE **VOYAGEUR CURIEUX**

ÉCHAPPÉES SAUVAGES

110 PROVINCES

INTRODUCTION

L'Italie, qui abrite le plus grand nombre de sites classés au patrimoine mondial de l'humanité, est un véritable Eldorado pour les amateurs de découvertes.

Laissez-vous surprendre par un incroyable voyage à travers une sélection minutieuse de lieux d'exception le long de la luxuriante péninsule italienne. Dans ce guide, vous en trouverez un pour chacune des 110 provinces (départements). Des lieux naturels et anthropiques, des côtes sinueuses aux sommets montagneux, tous témoignent de la beauté d'un pays, l'Italie, qui a vu passer des centaines de peuples sur son territoire, et tout autant de cultures qui ont laissé des traces indélébiles, transmises de génération en génération jusqu'à nos jours. Une responsabilité fondamentale, celle des Italiens, de préserver et de valoriser ces immenses trésors, pour les rendre toujours plus accessibles à tous.

Ce n'est pas une simple liste de lieux, mais un écrin riche en détail qui révèle pourquoi chacun d'entre eux mérite d'être visité et vécu aujourd'hui. Des exemples uniques d'architecture, d'histoire, de culture matérielle et immatérielle, de nature, souvent reconnus et célébrés par l'UNESCO, parfois encore éloignés et cachés. Tout cela dans une terre qui, en si peu de chemin, réunit des paysages si divers. Trésors resurgis de la mer Tyrrhénienne (Bronzes de Riace, Reggio Calabria) aux musées en haute altitude dans les Alpes (LUMEN, Musée de la Photographie de Montagne, Bolzano), des somptueuses villas (îles Borromées, Verbano-Cusio-Ossola) aux fortifications isolées (Castel Del Monte, Barletta-Andria-Trani), laissez-vous séduire par la beauté.

Vous pouvez utiliser la carte à côté pour colorier les territoires visités et rêver de votre prochaine destination en Italie.

CARTE DES 110 LIEUX D’EXCEPTION EN ITALIE À COLORIER

SOMMAIRE

ITALIE DU NORD

Val d'Aoste

AO. Forteresse de Bard 14
Bard - Aoste

Piémont

AL. Musée des Campionissimi 16
Novi Ligure - Alexandrie

AT. Vignobles dans les Langhe, Monferrato et le Roero 18
Asti, Cuneo et Alexandrie

BI. Oasi Zegna 20
Dans la province de Biella

CN. Alta Via del Sale 22
Limone Piemonte - Cuneo

NO. Bourg de Orta San Giulio 24
Orta San Giulio - Novare

TO. Musée égyptien 26
Turin

VB. Les îles Borromées 28
Stresa - Verbano-Cusio-Ossola

VC. Synagogue de Verceil 30
Verceil

Lombardie

BG. Académie Carrara 32
Bergame

BS. Grottes de Catulle 34
Sirmione - Brescia

CO. Funiculaire Como-Brunate 36
Côme

CR. Musée du Violon 38
Crémone

LC. Orrido di Bellano 40
Bellano - Lecco

LO. Parc Adda Sud 42
Lodi et Crémone

MN. Sala dei Giganti, Palazzo Te 44
Mantoue

MI. Musée national des sciences et technologies Léonard de Vinci 46
Milan

MB. Villa Reale de Monza 48
Monza - Monza et Brianza

PV. Certosa de Pavie 50
Certosa di Pavia - Pavie

SO. Le Train Rouge du Bernina 52
Tirano - Sondrio

VA. Mont Sacré de Varèse 54
Varèse

Trentin-Haut-Adige

BZ. LUMEN - Musée de la photographie de Montagne 56
Riscone/Reischach - Bolzano/Bozen

TN. Sciliar-Catinaccio, Latemar 58
Trente et Bolzano/Bozen

Vénétie

BL. Musée de la Grande Guerre, Marmolada 60
Rocca Pietore - Belluno

PD. Théâtre Anatomique de l'Université de Padoue 62
Padoue

RO. Théâtre Sociale de Rovigo 64
Rovigo

TV. Asolo 66
Asolo - Trévise

VE. Burano et le musée du Merletto 68
Burano - Venise

VR. Les Arènes de Vérone 70
Vérone

VI. Villa La Rotonda 72
Vicence

Frioul-Vénétie Julienne

GO. MuCa - Musée de la Construction Navale 74
Monfalcone - Gorizia

PN. Le barrage du Vajont 76
Erto e Casso - Pordenone

TS. Piazza Unità d'Italia 78
Trieste

DU. Palmanova 80
Palmanova - Udine

Ligurie

GE. Le centre historique de Gênes 82
Gênes

IM. Dolceacqua 84
Dolceacqua - Imperia

SP. Porto Venere 86
Porto Venere - La Spezia

SV. Réserve Naturelle Régionale de Bergeggi 88
Bergeggi - Savone

Émilie-Romagne

BO. Rocchetta Mattei 90
Grizzana Morandi - Bologne

FE. Parc Naturel du Delta del Pô 92
Ferrare, Ravenne et Rovigo

FC. Bibliothèque Malatestiana 94
Cesena - Forlì-Cesena

MO. Musée du Vinaigre Balsamique Traditionnel 96
Spilamberto - Modène

PR. Musée du Parmigiano Reggiano 98
Soragna - Parme

PC. Château de Gropparello 100
Gropparello - Plaisance

RA. Le mausolée de Galla Placidia 102
Ravenne

RE. Théâtre Valli 104
Reggio Emilia

RN. Le pont d'Auguste et de Tiberio 106
Rimini

CENTRE DE L'ITALIE

Toscane

AR. Sanctuaire de Santa Maria delle Grazie 110
Chiusi della Verna - Arezzo

FI. Zone archéologique de Fiesole 112
Fiesole - Florence

GR. Les thermes de Saturnia 114
Manciano - Grosseto

LI. Castello del Boccale 116
Livourne

LU. Le Mura di Lucca 118
Lucques « Lucca »

MS. Les Carrières de Marbre de Carrare 120
Carrare - Masse-Carrare

PI. La Tour de Pise 122
Pise

PT. Pistoia Sotterranea 124
Pistoia

PO. Duomo de Prato 126
Prato

SI. Piazza del Campo 128
Sienne

Ombrie

PG. Pont des Tours 130
Spolète - Pérouse

TR. La cascade des Marmore 132
Terni

Marches

AN. Les Grottes de Frasassi 134
Genga - Ancône

AP. Le pont de Cecco 136
Ascoli Piceno

FM. Sala del Mappamondo, Palais des Priori 138
Fermo

MC. Le Lame Rosse 140
Cessapalombo - Macerata

PU. Palais Ducal 142
Urbino - Pesaro et Urbino

Latium

FR. Abbaye de Casamari 144
Veroli - Frosinone

LT. Le Jardin de Ninfa 146
Cisterna di Latina - Latina

RI. Lac de Turano 148
Dans la province de Rieti

RM. Quartier Coppède 150
Rome

VT. Civita di Bagnoregio 152
Bagnoregio - Viterbe

ITALIE DU SUD

Abruzzes

AQ. Campo Imperatore 156
Dans la province de L'Aquila

CH. Roccascalegna 158
Roccascalegna - Chieti

PE. Ermitage de San Bartolomeo à Legio 160
Roccamorice - Pescara

TE. Civitella del Tronto 162
Civitella del Tronto - Teramo

Molise

CB. Musée des « Misteri » 164
Campobasso

IS. Fonderie Pontificale de Cloches Marinelli 166
Agnone - Isernia

Basilicate

MT. Cripta del Peccato Originale 168
Matera

PZ. Village de Pietrapertosa 170
Pietrapertosa - Potenza

Campanie

AV. Oasis du lac de Conza 172
Conza della Campania - Avellino

BN. Bourg de Sant'Agata de' Goti 174
Sant'Agata de' Goti - Bénévent

CE. La Reggia de Caserta 176
Caserte

NA. Pompei 178
Pompei - Naples

NA. Baia, la ville submergée 180
Bacoli - Naples

SA. Réserve Naturelle Valle delle Ferriere 182
Scala - Salerne

Calabre

CZ. Parc national de la Sila 184
Catanzaro - Cosenza - Crotone

CS. Parc national du Pollino 186
Cosenza - Potenza - Matera

KR. L'îles de Capo Rizzuto 188
Isola di Capo Rizzuto - Crotone

RC. Bronzes de Riace 190
Reggio de Calabre

VV. Capo Vaticano 192
Capo Vaticano - Vibo Valentia

Pouilles

BA. Polignano a mare 194
Polignano a Mare - Bari

BT. Castel del Monte 196
Andria - Barletta-Andria-Trani

BR. La ville blanche d'Ostuni 198
Ostuni - Brindisi

FG. Sanctuaire de Saint Michel Archange 200
Monte Sant'Angelo - Foggia

LE. La ville de Gallipoli 202
Gallipoli - Lecce

TA. Centre historique de Martina Franca 204
Martina Franca - Tarente

Sardaigne

CA. Sanctuaire de Santa Vittoria 206
Serri - Ville Métropolitaine de Cagliari

CI. Porto Flavia 208
Masua - Sulcis Iglesiente

VS. La mine de Montevecchio 210
Guspini - Medio Campidano

NU. Gorges de Gorropu 212
Urzulei et Orgosolo - Nuoro

OG. Percorso Selvaggio Blu 214
Baunei - Ogliastra

OT. L'archipel de la Maddalena 216
Gallura - Sardaigne du Nord-Est

OR. Zone archéologique de Tharros 218
Cabras - Oristano

SS. Plage de la Pelosa 220
Stintino - Ville Métropolitaine de Sassari

Sicile

AG. La Vallée des Temples 222
Agrigente

CL. Château de Mussomeli 224
Mussomeli - Caltanissetta

CT. Le volcan Etna 226
Catane

EN. Villa romaine du Casale 228
Piazza Armerina - Enna

ME. Théâtre antique de Taormine 230
Taormine - Messine

PA. MACSS Musée Arte Contemporanea SottoSale 232
Petralia Soprana - Palerme

RG. Duomo di San Giorgio 234
Modica - Raguse

SR. Nécropole de Pantalica 236
Sortino - Syracuse

TP. Les salines de Trapani et Paceco 238
Trapani

: à pied

: à vélo

: en canoë

: à cheval

: en bus

: en train

: en bateau

ITALIE DU NORD

VAL D'AOSTE

FORTERESSE DE BARD

BARD – AOSTE

À l'entrée du Val d'Aoste, la forteresse de Bard s'élève majestueusement au-dessus de la rivière Dora Baltea. Cette imposante forteresse, construite au XIXe siècle, est un chef-d'œuvre de l'architecture militaire et un symbole de l'histoire piémontaise. En mai 1800, Napoléon Bonaparte, engagé dans son audacieuse traversée des Alpes, tomba sur la forteresse. Parmi les troupes napoléoniennes se trouve un jeune officier nommé Henry Beyle, plus connu sous le nom de Stendhal. À seulement 17 ans, cette première expérience réelle de la guerre, lui laisse une empreinte indélébile qui influencera son œuvre littéraire.

Née d'un sombre dessein guerrier, la forteresse est aujourd'hui un lieu formidable et instructif de voyage dans l'histoire. En effet, il abrite plus de trois musées différents qui vous accrocheront aux thèmes présentés, avec diverses expositions permanentes et temporaires. Parmi les expositions les plus intéressantes, citons celle consacrée à l'histoire du fort lui-même, celle qui présente une collection d'armes et d'armures anciennes, et celle qui illustre la faune et la flore de la Vallée d'Aoste.

Mais la plus intéressante est sans doute le musée des frontières, qui conduit à une réflexion très actuelle sur le présent et la complexité du phénomène des flux migratoires. C'est un lieu où l'histoire, la culture et la nature se conjuguent à merveille, offrant des émotions à tous les visiteurs.

Infos pratiques

Ouvert du mardi au vendredi de 10h à 18h.
Samedi, dimanche et jours fériés 10 h - 19 h
Fermé les lundis et le 25 décembre

Plein tarif : 8 €
Tarif réduit (plus de 65 ans) 7 € - (19-25 ans) 3 €.

Accessible aux personnes handicapées.

Tous les dimanches, départ 11h, visite guidée de la forteresse. Durée 1h15. Prix de la visite 8 €.

© Gianfranco Roselli/Archivi Forte di Bard

D'autres lieux extraordinaires :

- **Aqueduc de Pont d'Aël :** Une grandiose œuvre hydraulique réalisée par un riche et entreprenant Padouan en l'an 3 av. J.-C., il y a maintenant plus de 2000 ans.
- **Saint-Rhémy-en-Bosses :** Célèbre pour son panorama à couper le souffle et sa tranquillité. C'est un excellent point de départ pour des randonnées en montagne.
- **Col du Grand-Saint-Bernard :** La région environnante offre des paysages spectaculaires et une série de sentiers de randonnée moins fréquentés.
- **Réserve Naturelle du Parc du Mont Avic :** Une zone protégée avec des paysages à couper le souffle, riche en flore et en faune.

Comment se déplacer ?

En train : La gare la plus proche du Fort de Bard est celle de Donnaz. De Donnaz, il est possible de rejoindre le fort en bus.

En bus : Plusieurs lignes de bus de la SVAP Srl relient le Fort de Bard à Aoste, Turin et d'autres villes de la Vallée d'Aoste.

À pied : Un itinéraire de randonnée circulaire de près de 350 km à travers plus de 40 communes de la vallée d'Aoste.

En canoë : Sur la Dora Baltea, les points adaptés aux débutants ne manquent pas, de même que les passages plus riches en adrénaline comme les gorges de Leverogne.

À cheval : Différents itinéraires d'une heure à une journée entière serpentent le long des sentiers du bassin du Vétan.

AL

PIÉMONT

MUSÉE DES CAMPIONISSIMI

NOVI LIGURE - ALEXANDRIE

L'histoire du cyclisme en Italie commence au XIXe siècle, lorsque les bicyclettes, inventées en Angleterre, commencent à se répandre également dans notre pays. Très vite, le cyclisme s'impose comme un moyen de transport accessible même aux classes populaires. Les bicyclettes deviennent un symbole de liberté et de progrès, permettant aux gens de se déplacer plus facilement et d'atteindre de nouvelles destinations.

Il Giro d'Italia (le tour d'Italie) connaît immédiatement un grand succès, devenant un événement sportif de grande importance pour notre pays. La course conquiert le cœur des Italiens, qui suivent avec passion les exploits des coureurs sur les routes d'Italie. Ces exploits sont racontés ici, au cœur du Piémont, à Novi Ligure, où se dresse un véritable temple consacré au cyclisme : le Musée des « Campionissimi » (grands champions). En franchissant le seuil du musée, on entre dans une atmosphère magique, plongée dans l'histoire du cyclisme pour revivre les émotions d'une époque dorée. Une expérience incontournable pour tous les amateurs de sport et pour ceux qui souhaitent découvrir de près les exploits de légendes comme Fausto Coppi et Costante Girardengo.

Le cœur du musée est la collection permanente, qui expose plus de 300 bicyclettes historiques, dont celles des deux célèbres champions. Aux côtés des bicyclettes, on peut admirer des maillots, des coupes, des photographies et d'autres souvenirs qui racontent les victoires et les défis de ces athlètes extraordinaires.

Le Musée des « Campionissimi » n'est pas seulement un paradis pour les passionnés de cyclisme, mais un lieu qui fascine tous les visiteurs par les petites et grandes histoires qu'il renferme.

Infos pratiques

Horaires spécifiques à chaque saison. Plus d'informations sur http://www.museodeicampionissimi.it/

Fermé le 25 décembre et le 1er janvier

Plein tarif : 7 €
Tarif réduit 5 €

Réservez votre visite au Museo dei Campionissimi en appelant le 0143 772266 - 0143 772230 ou en envoyant un courriel à l'adresse suivante

© Aurore Lucas

D'autres lieux extraordinaires :

- **Sanctuaire de Crea :** Il est connu pour son architecture baroque et sa vue panoramique sur la campagne environnante.
- **Château de Gabiano :** Situé au cœur d'un grand parc, il offre une intéressante combinaison d'architecture médiévale et d'éléments de la Renaissance.
- **Parc Naturel des Capanne de Marcarolo :** Ce parc propose des sentiers panoramiques, des forêts et une grande variété de flore et de faune.
- **Rocca Grimalda :** Un petit village qui abrite une impressionnante forteresse médiévale. Il offre une atmosphère authentique avec ses ruelles pavées et ses anciennes murailles.

Comment se déplacer ?

En train : La gare la plus proche du musée est celle de Novi Ligure. De la gare, il est possible de rejoindre le musée en bus ou à pied.

En bus : Informations sur les horaires et les lignes sur le site de la compagnie Bus Company de la province de Turin.

À pied : Dans le méconnu Val Borbera, entre le Piémont, la Ligurie, l'Émilie et la Lombardie, en suivant le Cammino dei Ribelli.

À cheval : Randonnée à cheval sur des sentiers de campagne, à la découverte des bois et des beautés du Monferrato.

PIÉMONT

VIGNOBLES DANS LES LANGHE, MONFERRATO ET LE ROERO

ASTI, CUNEO ET ALEXANDRIE

Parmi les douces collines du Bas Piémont, s'étend un paysage à couper le souffle qui a obtenu la prestigieuse reconnaissance de Patrimoine mondial de l'UNESCO : les Langhe, Monferrato et le Roero. Ici, la nature intacte se mêle à l'histoire millénaire de la viticulture, donnant naissance à une merveille d'art et de culture. En parcourant les routes qui serpentent entre les collines, le regard se perd dans une mer de vignobles qui escaladent les pentes, dessinant un panorama unique. Des rangées ordonnées de vignes alternent avec des bois luxuriants, des fermes anciennes et des villages pittoresques, créant une harmonie parfaite entre nature et œuvre humaine. Les Langhe, Monferrato et le Roero ne sont pas seulement beaux à voir, mais aussi à déguster. Ici naissent certains des vins les plus prestigieux d'Italie, comme le Barolo, le Barbaresco, le Nebbiolo et le Roero, fruits d'une tradition viticole transmise de génération en génération. En plus du vin, le territoire offre une riche gastronomie, avec des produits typiques comme la noisette Tonda Gentile delle Langhe, la truffe blanche d'Alba, les fromages AOP et les charcuteries de qualité. Un véritable paradis pour les amateurs de bonne cuisine et de bon vin. Parmi les vignobles et les collines se trouvent des villages historiques qui méritent une visite. Alba, Bra, Barbaresco, Neive et Canale ne sont que quelques-uns des joyaux qui parsèment le territoire, où l'on peut respirer l'atmosphère authentique du Piémont et découvrir l'histoire et les traditions locales. Un lieu où s'immerger dans des paysages à couper le souffle, découvrir des saveurs uniques et vivre des expériences authentiques. Un voyage inoubliable pour tous les sens.

Infos pratiques

Les Langhe, Monferrato et le Roero sont un paysage ouvert et accessible toute l'année, facilement accessible en train ou en bus. Les principaux aéroports de référence sont ceux de Turin et de Cuneo.

© Aurore Lucas

D'autres lieux extraordinaires :

• **Caves Historiques de Canelli :** Célèbres pour la production de vins mousseux et d'Asti. Vous pouvez participer à des visites guidées pour découvrir le processus de production.

• **Village de Montemagno :** Caractérisé par des ruelles étroites et des maisons en pierre, il offre une atmosphère rurale paisible et l'occasion de déguster la cuisine locale.

• **Routes des vins :** Il existe de nombreuses routes des vins qui permettent de déguster les vins locaux et de découvrir les traditions gastronomiques et vinicoles de la région.

• **Pasticceria Cavalier Vicenzi :** Les biscuits Amaretti de Mombaruzzo sont une icône de la tradition pâtissière piémontaise, ravissant les palais avec leur parfum irrésistible.

Comment se déplacer ?

En train : Trains à grande vitesse et locaux pour Asti depuis les principales villes italiennes.

En bus : Réseau de transports « Asp » de la province d'Asti.

À vélo : Parcourez la « Strada Romantica delle Langhe e del Roero » sur plusieurs jours, traces GPX disponibles sur le site officiel.

À pied : Visitez les grands bancs des Langhe sur les traces du « Big Bench Community Project ».

PIÉMONT

OASI ZEGNA
DANS LA PROVINCE DE BIELLA

Entre les montagnes du Piémont, où la nature règne en maître, se trouve un trésor verdoyant. Une vaste région de plus de 100 kilomètres carrés, née de la vision clairvoyante d'Ermenegildo Zegna, pionnier de l'industrie textile italienne. Sa vision allait bien au-delà de la simple production de tissus. Il croyait au pouvoir de la beauté et de la nature et s'efforçait de créer une entreprise durable et respectueuse de l'environnement.
L'Oasi Zegna n'est pas un jardin privé, comme on le croit souvent, mais une oasis de beauté ouverte à tous. Pas besoin de billets d'entrée, seulement le désir de s'immerger dans la nature intacte. Une explosion de couleurs et de parfums enveloppe les visiteurs, surtout entre mai et juin, lorsque le Bassin des Rhododendrons, perle de l'oasis, offre des spectacles à couper le souffle.
À l'intérieur des limites de l'oasis, se trouve également la Casa Zegna, demeure historique de la famille, qui abrite un musée racontant l'histoire du fondateur et de son entreprise, tandis que la Chapelle de Sant'Anna, nichée dans la forêt, offre un lieu de paix et de spiritualité.
L'Oasi Zegna est un exemple concret d'engagement pour la durabilité environnementale. Depuis sa création, la zone a été gérée avec une attention particulière au respect de la nature et à la valorisation du territoire. Aujourd'hui, elle est un modèle d'excellence pour la gestion environnementale et un point de référence pour le tourisme éco-responsable.
Un lieu dont le message est une invitation à la découverte, un lieu où se perdre dans la beauté de la nature, redécouvrir le plaisir de la simplicité et vivre une expérience authentique. Un joyau vert à préserver et à partager avec le monde.

Infos pratiques

L'Oasi Zegna est une zone montagneuse à accès libre et gratuit, sans horaires et sans billet d'entrée.

© Oasi Zegna

D'autres lieux extraordinaires :

- **Ricetto di Candelo :** Un ancien bourg fortifié datant du XIVe siècle, un exemple bien conservé d'architecture médiévale.
- **Bielmonte :** Un lieu idéal pour les randonnées estivales. Il offre une variété de sentiers en pleine nature, des lacs alpins et un panorama spectaculaire.
- **Le Sanctuaire d'Oropa :** Un complexe religieux entouré d'un paysage montagnard enchanteur.
- **Ricetto di Masserano :** Similaire au Ricetto di Candelo mais moins fréquenté par les touristes, c'est un autre exemple de bourg fortifié médiéval.

Comment se déplacer ?

En bus : De Biella, prendre la ligne 300 Biella - Cossato - Valle Mosso - Trivero opérée par Atap Spa.

En vélo : La boucle Discover Oasi Zegna, 12 kilomètres et 383 mètres de dénivelé, qui part du Bocchetto Luvera et passe par l'Alpe Margosio, le parc à vélos Caulera et le labyrinthe de Stavello.

À pied : Empruntez la Via dei Rododendri, la Via delle Bocchette ou la Via della Sienite pour vous immerger dans la beauté.

PIÉMONT

ALTA VIA DEL SALE
LIMONE PIEMONTE – CUNEO

Il fut une époque où le sel était un bien précieux et difficile à obtenir, transporté à dos de mulet le long des sentiers escarpés entre la Ligurie et le Piémont pour atteindre les vallées intérieures. Pendant des siècles, ce chemin a vu passer des caravanes chargées de cet or blanc, échangé contre d'autres produits comme le blé, le vin et le fromage. Le sel, à l'époque, était un élément fondamental pour la conservation des aliments, pour l'élevage du bétail et pour l'hygiène personnelle. Sa rareté pouvait mettre en péril la survie des communautés montagnardes, faisant de l'Alta Via del Sale une artère vitale pour le commerce et l'économie locale.

Aujourd'hui, l'Alta Via del Sale est un parcours de randonnée de grand charme, offrant aux amoureux de la nature et de l'histoire la possibilité de s'immerger dans des paysages à couper le souffle et de suivre les traces d'un passé riche en traditions. Le sentier serpente entre des vallées intactes, des sommets enneigés et des villages anciens, offrant des panoramas inoubliables.

L'itinéraire de randonnée s'étend sur environ 100 kilomètres, accessible aux randonneurs de tous niveaux, avec différentes variantes et des parcours de difficulté croissante. On peut choisir de le parcourir entièrement sur plusieurs jours, ou d'en explorer des segments comme excursions journalières.

L'Alta Via del Sale est une invitation à voyager dans le temps et l'espace, à pied ou à vélo, à la découverte d'un territoire unique et plein de charme.

Infos pratiques

Accès aux véhicules motorisés :
De mi-juin à mi-septembre 8 h - 20 h ; mi-septembre à fin octobre 8 h - 18 h.
Fermés mardi et jeudi.

Tarif pour les bicyclettes : 1 €.

Accès pour les véhicules à moteur : Limone Piemonte, Ormea-Upega di Briga Alta, Triora, Pigna, La Brigue et Tenda.
Accès piétons : Vallées du Gesso et du Pesio.

© Adobe Stock – Anthony

D'autres lieux extraordinaires :

- **Saluzzo :** Village médiéval dont le centre historique bien conservé est dominé par le château du Marquis.
- **Cuneo :** Riche en histoire et culture. Explorez le centre historique avec ses places, comme la Piazza Galimberti, et admirez l'architecture des églises et des palais.
- **Sanctuaire de Vicoforte :** Une basilique monumentale avec le plus grand dôme elliptique au monde.
- **Pont San Michele à Dronero :** Un bourg pittoresque avec un ancien pont en pierre traversant la rivière Maira.

Comment se déplacer ?

En train : Vous pouvez rejoindre la gare de Voghera, puis continuer en bus.

En bus : Bus de ligne de Voghera à Varzi, ou bus direct de Milano Porta Garibaldi. Une fois arrivés à Portofino, vous pouvez retourner vers Rome en rejoignant Rapallo, ou vers Milan depuis Camogli ou Santa Margherita Ligure.

À vélo : Suivre l'itinéraire sur plusieurs jours ou des étapes individuelles en réservant à l'avance.

À pied : Trekking the Wolf, un splendide itinéraire par étapes entre les sommets des Alpes maritimes pour suivre les traces de l'insaisissable roi de la forêt.

PIÉMONT

BOURG DE ORTA SAN GIULIO

ORTA SAN GIULIO – NOVARE

Alors que l'île de San Giulio dans le lac d'Orta attire l'attention avec sa basilique et son atmosphère mystique, le village d'Orta San Giulio sur le continent n'est pas en reste en termes de charme et de beauté. Perché sur les rives du lac, ce petit bijou offre un centre historique médiéval parfaitement conservé, une atmosphère romantique et une vue imprenable sur les montagnes environnantes. Grâce à cette capacité de conservation, le village est inscrit parmi « Les Plus Beaux Villages d'Italie », une association née en 2002 avec l'objectif de valoriser et promouvoir les petits centres qui, peut-être grâce à leur position périphérique, ont su protéger et préserver leur beauté.
En se promenant dans les ruelles pavées d'Orta San Giulio, on a l'impression d'être transporté dans le passé. Les maisons en pierre, les balcons fleuris et les portails sculptés racontent des histoires d'un passé glorieux. Les origines d'Orta San Giulio sont étroitement liées à la légende de Saint Jules, un ermite grec arrivé dans la région au IVe siècle après J.-C. Selon le récit, il libéra l'île d'Orta d'un dragon qui l'habitait, y fondant ensuite une basilique. Autour du lieu de culte s'est formé un village, noyau originel de l'actuel bourg.
La vue la plus spectaculaire d'Orta San Giulio s'apprécie depuis le belvédère de la Piazza Motta. De là, on peut admirer l'île de San Giulio dans toute sa splendeur, avec sa basilique se dressant majestueusement sur le lac. Idéal pour clôturer la journée en dégustant une glace devant les reflets dorés du lac au coucher du soleil.

Infos pratiques

Le village est en accès libre et gratuit, sans horaires et sans billet d'entrée.

© Adobe Stock – anilah

D'autres lieux extraordinaires :

- **Palazzo Tornielli-Bellini (Ghemme) :** Ce fascinant palais du XVIIe siècle abrite une riche collection d'art.
- **Sanctuaire de Boca :** Ce lieu sacré offre non seulement une atmosphère sereine mais aussi une vue panoramique sur les collines environnantes.
- **Parc des Lames du Sesia :** Le long de la rivière Sesia, il offre des sentiers ombragés, des aires de pique-nique et la possibilité d'admirer la faune locale.
- **Basilique de San Gaudenzio :** Considérée comme l'un des chefs-d'œuvre de l'architecture baroque piémontaise, elle possède la coupole la plus haute du Piémont.

Comment se déplacer ?

En train : Trains régionaux de Milan vers Borgomanero - Orta Miasino.

En bus : Service de ligne de Novara et Milan via STN Srl.

À vélo : Explorez les sentiers dédiés Trail / Enduro dans la montagne entre le lac d'Orta et le lac Majeur.

À pied : 115 km de marche entre eau et montagne, vignobles, forêts, ruisseaux et villages à l'histoire plus que centenaire sur le Grand Tour du lac d'Orta GTLO.

En bateau : Visitez San Giulio depuis Orta avec le service public « Navigazione Lago d'Orta Srl ».

En canoë : Le lac d'Orta dans une dimension oubliée, fascinante et captivante.

PIÉMONT

MUSÉE ÉGYPTIEN

TURIN

Imaginez-vous devant le visage de Tamit, une jeune femme ayant vécu à Thèbes, en Égypte, entre 722 et 664 av. J.-C., durant la XXVe dynastie. Comment vivait-elle sa vie, quelles étaient ses habitudes ? Grâce au travail conjoint de générations d'archéologues, d'explorateurs et de professionnels, nous pouvons essayer de le découvrir en parcourant les salles de l'un des musées les plus importants au monde dédiés à la civilisation égyptienne.
Fondé en 1824, ce musée abrite une collection de plus de 160 000 objets, comprenant des momies, des sarcophages, des statues, des bijoux, des papyrus et des objets de la vie quotidienne, qui nous permettent de revivre la vie, la religion, la culture et l'art de l'Égypte ancienne.
En franchissant le seuil du musée, vous êtes transporté dans le temps, dans une atmosphère chargée de mystère et de fascination. Les salles d'exposition, aménagées avec soin et attention, présentent une riche collection de vestiges répartis par époques historiques et par thématiques. Vous pouvez admirer la majesté des statues des pharaons, la finesse des bijoux et des objets de la vie quotidienne, la complexité des systèmes d'écriture et la profondeur de la religion égyptienne. Parmi les chefs-d'œuvre absolus du musée, la Salle des Momies se distingue, exposant les momies de certains personnages importants de l'Égypte ancienne, notamment celle de Ramsès II, l'un des pharaons les plus puissants de l'histoire. La Salle des Sarcophages est tout aussi fascinante, où l'on peut admirer les cercueils élaborés décorés de hiéroglyphes et de scènes de la vie quotidienne.
Un voyage qui stimule la curiosité, ouvre l'esprit et nourrit la passion pour la découverte.

Infos pratiques

Ouvert le lundi de 9 h à 14 h. Du mardi au dimanche de 9 h à 18 h 30. Fermé le 25 décembre.

Tarif plein 14 € / Tarif réduit 11 € / Gratuit pour les enfants jusqu'à 6 ans.

Accès handicapés
+39 011 4406903
info@museitorino.it.

Il est recommandé de réserver une visite guidée ou de participer à l'un des ateliers pédagogiques proposés par le musée.

© Museo Egizio Torino

D'autres lieux extraordinaires :

- **Sanctuaire de Belmonte :** Moins connu que d'autres sanctuaires de la région, il offre une vue panoramique sur la plaine turinoise.
- **Le jardin du château de la Rovere à Vinovo :** Est un joyau caché. Ce château du XVIIe siècle est entouré d'un parc séculaire avec des jardins à l'italienne.
- **Musée du Cinéma de la Mole Antonelliana :** Offre un voyage passionnant dans l'histoire du cinéma, avec des expositions interactives et une vue panoramique sur la ville depuis.
- **Le Complexe Architectural du Palais Royal de Turin :** Construit au XVIe siècle, le palais est la résidence des rois de Savoie et représente un magnifique exemple de l'architecture baroque italienne.

Comment se déplacer ?

En train : De la gare Porta Nuova de Turin, prendre la via Lagrange pour rejoindre le musée égyptien en 10-15 minutes.

En bus et en tramway : Service de bus avec arrêt à BERTOLA ou CASTELLO.

En métro : Ligne 1 - arrêt PORTA NUOVA

En vélo : À Turin, il est possible de se déplacer à vélo grâce à 258 km de pistes cyclables et de zones cyclo-piétonnes.

À pied : Le Camino delle Valli est un itinéraire circulaire qui part de Caselle Torinese et couvre 103 km qui peuvent être parcourus en 4, 5 ou 6 étapes.

PIÉMONT

LES ÎLES BORROMÉES

STRESA – VERBANO-CUSIO-OSSOLA

Les « Isole Borromee », un trésor enchâssé dans le lac Majeur, représentent l'une des destinations les plus fascinantes du Piémont. Leur unicité réside dans l'harmonie parfaite entre architecture, nature et art. Les jardins, avec leurs agrumes centenaires, leurs sculptures et leurs fontaines, se fondent harmonieusement avec l'architecture baroque et la nature luxuriante du lac Majeur. Chaque île est une carte postale.

L'île Bella, la plus célèbre, est dominée par le majestueux Palais Borromée, construit au XVIIe siècle, avec ses somptueux salons riches en œuvres d'art, tapisseries flamandes et meubles précieux. Les jardins, répartis sur dix terrasses, offrent des géométries de fleurs dans les parterres et les allées, avec des cèdres, des citronniers et d'orangers qui parfument l'air. La terrasse des roses en fleurs est un événement incontournable en mai et juin.

L'île Madre, la plus grande des trois, est une oasis de paix et de tranquillité. Elle abrite un jardin botanique avec des plantes venant du monde entier, notamment des azalées, des rhododendrons et des camélias. Le Palais Borromée sur l'île Madre, moins opulent que celui de l'île Bella mais tout aussi fascinant, conserve une collection de marionnettes et de petits théâtres du XVIIIe siècle.

« L'Isola dei Pescatori », l'île des pêcheurs, est la seule des trois à être habitée toute l'année. Elle conserve son caractère authentique avec ses ruelles étroites, ses maisons aux balcons fleuris et une église du XVIe siècle dédiée à Saint Victor. L'île offre une atmosphère authentique et détendue, avec des restaurants typiques servant de délicieuses spécialités locales, comme la perche et le lavaret. En se promenant dans ses ruelles, on peut respirer l'air d'un passé encore vivant, où le temps semble s'être arrêté.

Infos pratiques

Horaires spécifiques à chaque saison. Plus d'informations sur https://www.isoleborromee.it/

Entrées simples ou combinées, à l'exclusion du prix du transport vers et depuis les îles.

Pour visiter les palais et les jardins des deux îles, le coût est le suivant :
plein tarif 32 €
Tarif réduit (6-15 ans) 18 €.

© Terre Borromeo

D'autres lieux extraordinaires :

- **Villa Taranto :** Découvrez une vaste collection de plantes et de fleurs provenant du monde entier, créant une expérience de grande beauté naturaliste.
- **Valli Ossolane :** Elles offrent des paysages montagneux à couper le souffle, des sentiers de randonnée et la possibilité d'explorer des villages alpins pittoresques.
- **Parc national de la Val Grande :** Cette zone sauvage et intacte offre des opportunités pour la randonnée, l'observation des oiseaux et le contact direct avec la nature.
- **Le Musée du Chapeau de Ghiffa :** Il est dédié à l'art ancien de la fabrication de chapeaux.

Comment se déplacer ?

En train : Ferrovie dello Stato, ligne Milan-Simplon, arrêt Stresa.
En Ferrovie Nord, ligne Milan-Laveno, arrêt Laveno.

En bus : Ligne VB Arona Milan : départ de Milan Lampugnano, arrêt B5. Ou Verbania - Stresa - Malpensa, réservation obligatoire.

En bateau : Au départ des principales villes du lac, les trajets les plus fréquents sont ceux de Stresa, Baveno, Pallanza, Intra. Pour plus d'informations, voir « Navigazione Lago Maggiore ».

SYNAGOGUE DE VERCEIL

VERCEIL

La présence juive en Italie est l'une des plus anciennes d'Europe, lorsque des groupes de Juifs sont arrivés à Rome, comme marchands ou esclaves. Au fil des siècles, les Juifs italiens ont traversé des périodes de floraison culturelle et religieuse, ainsi que des époques de persécution et de ghettoïsation.

La communauté juive de Verceil remonte au XIIIe siècle. Pendant la Renaissance, elle a connu une période de prospérité et d'intégration relatives, contribuant à la vie économique et culturelle de la ville. Au XVIe siècle, comme dans d'autres parties de l'Italie, les Juifs de Verceil ont été contraints de vivre dans un ghetto. Malgré les restrictions, la communauté a réussi à maintenir vivantes ses traditions religieuses et culturelles.

La synagogue de Verceil, construite en 1878, est un imposant édifice de style mauresque, témoignage de l'importance et de la vitalité de la communauté juive à cette époque. La synagogue n'est pas seulement un lieu de culte, mais aussi un centre culturel qui accueille des événements et des initiatives visant à promouvoir la connaissance de l'histoire et de la culture juives.

La communauté, bien que petite, continue de jouer un rôle significatif dans la préservation de la mémoire historique et la promotion du dialogue interculturel. Son histoire est un exemple de résilience et de capacité à maintenir vivante son identité au milieu des adversités.

Infos pratiques

La synagogue suit des horaires et des jours d'ouverture très variables. Consultez le site web ou la page Facebook pour plus d'informations à ce sujet. Pour les visites et les réservations : segreteria@comunitaebraicavc.gmail.com

© Aurore Lucas

D’autres lieux extraordinaires :

- **Sacro Monte di Varallo :** Complexe religieux et culturel déclaré Patrimoine mondial de l’UNESCO. Il présente une série de chapelles décorées de fresques représentant le Chemin de Croix.
- **Réserve Naturelle des Baragge :** C’est une zone de grande valeur paysagère et naturelle et avec des parcours de randonnée au cœur de la tranquillité de la campagne.
- **Abbaye de Saint-André de Verceil :** Un joyau de l’architecture romane, c’est un lieu de spiritualité et de beauté.
- **Bourg de Trino :** Un charmant village caractérisé par des places pittoresques et des bâtiments historiques. Parmi les attractions, on trouve l’église de San Carlo avec son clocher.

Comment se déplacer ?

En train : Trains à grande vitesse et régionaux depuis Milan et les principales villes italiennes vers Novare. Ensuite, continuer en bus.

En bus : BUS 3045 (S.T.N. S.r.l.) Novare-Verceil

À vélo : Avec un vélo de route, vous pouvez parcourir les itinéraires du circuit cycliste des rizières de Vercelli ; en VTT, vous pouvez emprunter des chemins de terre à travers les vignobles de Gattinara.

ACADÉMIE CARRARA
BERGAME

En 1796, le comte Giacomo Carrara, mécène et collectionneur d'art, décida de créer une académie qui non seulement abriterait sa vaste collection d'œuvres d'art, mais servirait aussi d'école pour jeunes artistes. À sa mort, il légua tous ses biens à la ville de Bergame avec l'intention de créer une fondation pour soutenir l'institution.
La pinacothèque de l'Accademia Carrara est renommée pour la qualité et la variété des œuvres qu'elle abrite, avec plus de 1400 peintures couvrant une période allant du XVe au XIXe siècle. Parmi les chefs-d'œuvre les plus célèbres, on trouve des œuvres d'artistes tels que Pisanello, Botticelli, Mantegna, Bellini, Raphaël, Titien, Lotto, Moroni, et bien d'autres maîtres italiens. La collection offre un vaste panorama de la peinture de la Renaissance et du Baroque, avec une attention particulière aux écoles vénitienne, lombarde et toscane.
L'école de peinture, partie intégrante de l'académie depuis sa fondation, a formé de nombreux artistes qui ont laissé une empreinte significative dans le monde de l'art.
Avec sa collection extraordinaire d'œuvres et son engagement dans la formation artistique, l'Accademia Carrara de Bergame est l'une des plus importantes institutions culturelles italiennes. Son histoire séculaire et son renouvellement constant témoignent de l'importance de préserver et de valoriser le patrimoine culturel pour les générations futures.

Infos pratiques

Horaires d'ouverture : lundi, mercredi, jeudi 10 h - 19 h
Mardi 10 h - 13 h
Vendredi, samedi, dimanche et jours fériés 10 h - 20 h

Ouvertures spéciales en soirée : 2e et 4e vendredi du mois jusqu'à 23 h.

Plein tarif : 15 €
Tarif réduit 13 €

Gratuit pour les enfants jusqu'à 5 ans

© Adobe Stock - Alberto Masnovo

D'autres lieux extraordinaires :

- **Città Alta de Bergame :** C'est la partie historique et médiévale de la ville, entourée de murs vénitiens.
- **Sanctuaire de Caravaggio :** C'est un important lieu de pèlerinage et un exemple d'architecture baroque.
- **Musée des Sciences Naturelles Enrico Caffi :** Ce musée offre une riche collection de spécimens naturalistes, dont des fossiles, des minéraux et des artefacts archéologiques.
- **Le sentier des Orobie :** Il offre une magnifique opportunité d'explorer les montagnes de la province de Bergame.

Comment se déplacer ?

En train : Trains à grande vitesse et régionaux depuis les principales villes italiennes vers Bergame.

En bus : À 100 mètres, sur la piazza Oberdan - via Cesare Battisti, il y a des arrêts de plusieurs lignes de bus.

À pied : L'Alta Via delle Grazie est une promenade de 271 km entre Bergame et les endroits les plus pittoresques du Val Seriana et de l'Alto Sebino.

En canoë : Immergé dans une nature splendide, vous pourrez admirer les marais, les oiseaux migrateurs et les plages de la rivière Adda.

LOMBARDIE

GROTTES DE CATULLE

SIRMIONE – BRESCIA

Parmi les vers de Catulle, l'un des plus grands poètes latins, ceux dédiés à Sirmione résonnent comme un hymne à la beauté de ce lieu enchanteur. Le poète latin, né à Vérone au Ier siècle avant J.-C., était profondément attaché à cette péninsule lacustre, au point de la considérer comme un véritable paradis.

Bien que la tradition du XVIe siècle attribue la villa au poète en la nommant en son nom, il est vrai qu'il possédait une résidence dans la région, mais il n'est pas certain qu'il s'agisse de ce complexe. En effet, les soi-disant « grottes » sont les vestiges d'une villa romaine construite précisément entre la fin du Ier siècle avant J.-C. et le début du Ier siècle après J.-C. La villa s'étend sur trois niveaux et présente un plan complexe, avec des espaces dédiés à la vie quotidienne, aux activités thermales et aux cérémonies. Parmi les principaux éléments architecturaux, on trouve une grande cour centrale, plusieurs salles avec des sols en mosaïque et des murs peints, ainsi qu'une série de citernes et de canaux pour la collecte et la distribution de l'eau. Les thermes comprennent une série de pièces chauffées et des bains, utilisés pour la détente et les soins du corps.

Les ruines romaines représentent une combinaison unique d'histoire, d'archéologie et de beauté naturelle. Leur visite offre un voyage dans le temps, à la découverte de la vie et de la culture de la Rome antique, dans l'un des lieux les plus fascinants et panoramiques du lac de Garde.

Infos pratiques

Ouvert du mardi au samedi de 8h30 à 19h30 (dernière entrée dans la zone archéologique à 17h).
Dimanche et jours fériés : 8h30-14h00, dernière entrée à 13h10.
Fermé le lundi

Plein tarif : 8€
Tarif réduit (pour les citoyens européens âgés de 18 à 25 ans) 4 €.
Gratuit pour les moins de 18 ans

© Aurore Lucas

D'autres lieux extraordinaires :

- **Musée Santa Giulia :** Il offre une vaste collection allant de l'art préhistorique aux œuvres de la Renaissance.
- **Lac d'Iseo et Monte Isola :** L'une des plus grandes îles habitées d'Europe. La région offre des beautés naturelles, des sentiers de randonnée et une atmosphère lacustre paisible.
- **Brescia Antica :** Explorez le centre historique de Brescia avec sa Piazza della Loggia, un exemple d'architecture Renaissance.
- **Valle Sabbia :** Une vallée riche en villages médiévaux, comme Gavardo et Salò, et en témoignages du passé, comme les forteresses et les châteaux.

Comment se déplacer ?

En train : Trains à grande vitesse et régionaux depuis les principales villes italiennes vers Peschiera.

En bus : D'avril à octobre, une navetteBUS assure la liaison entre Colombare et le centre historique.

En vélo : Pédalez sur la piste cyclable Peschiera del Garda-Mantova.

À pied : Le grand Giro del Garda est une boucle de 196 km avec 9 étapes allant de la promenade au bord du lac au sentier de montagne.

En bateau : Service public de bateaux « Gestione Navigazione Laghi ».

CO

LOMBARDIE

FUNICULAIRE COMO-BRUNATE

CÔME

Un plongeon dans le passé, avec ses voitures en bois et en laiton, mais une œuvre d'ingénierie à la pointe en 1894, année de son inauguration, le funiculaire Como-Brunate s'inscrit pleinement dans le riche panorama des funiculaires italiens.
En Italie, l'âge d'or des funiculaires s'étend de 1880 à 1930, avec la réalisation de plus de 150 installations dans différentes régions.
Le funiculaire Como-Brunate a eu un impact significatif sur l'histoire et le développement de la ville, car il a permis de relier le centre historique au belvédère de Brunate, ouvrant la voie au tourisme et favorisant le développement de nouvelles activités économiques.
Avec un parcours d'environ 1000 mètres et un dénivelé de près de 500 mètres, le funiculaire surmonte une pente moyenne de 46 %.
Pendant la montée, des panoramas à couper le souffle sur le lac de Côme, les montagnes environnantes et la ville elle-même s'ouvrent, offrant des vues suggestives qui changent avec les saisons. La vue s'étend du bleu intense du lac aux sommets enneigés des Alpes.
Une fois arrivé à Brunate, il est possible de faire de nombreuses randonnées dans les bois et sur les sentiers qui entourent le village, ou de visiter le Phare Volta, un monument dédié à Alessandro Volta, inventeur de la pile électrique.
Aujourd'hui comme alors, le funiculaire représente une infrastructure touristique importante pour Côme, attirant chaque année des milliers de visiteurs et devenant un symbole de l'histoire et de l'ingéniosité italiennes.

Infos pratiques

Départs simultanés des gares de Côme et de Brunate. Durée du trajet : 7 minutes. Tous les trajets s'arrêtent, sur demande, à Carescione.

Funiculaire en service de 6 h à 22 h 30, le samedi de 6 h à 24 h.
En été, service jusqu'à 24 h.

Plein tarif 6 € aller-retour

Possibilité de remises et de réductions

© Adobe Stock - Phil

D'autres lieux extraordinaires :

- **Cathédrale de Côme :** Dédiée à sainte Marie de l'Assomption, c'est un chef-d'œuvre d'architecture gothique, situé au cœur de la ville.
- **Villa Olmo :** Une somptueuse villa néoclassique située sur le bord du lac de Côme.
- **Musée de la Soie :** Situé à Côme, ce musée est dédié à l'art de la soie et illustre l'histoire de la production de soie dans la région.
- **Villa del Balbianello à Lenno :** Avec ses jardins spectaculaires et ses intérieurs bien conservés, elle a été utilisée comme lieu de tournage pour plusieurs films.

Comment se déplacer ?

En train : Trains locaux depuis la gare de Milan vers Côme.

En bus : Réseau « ASF Autolinee » de la province de Côme.

À pied : Depuis Brunate, possibilité de parcourir la « Dorsale du Triangle Lariano ».

En bateau : Depuis d'autres localités du lac vers Côme via le service « Gestione Navigazione Laghi ».

En canoë : Explorez les coins les plus évocateurs du lac de Côme en kayak. La meilleure saison est l'été.

LOMBARDIE

CR

MUSÉE DU VIOLON

CRÉMONE

Crémone est universellement reconnue comme la capitale mondiale de la lutherie, un titre qui remonte au XVIe siècle lorsque la ville est devenue un centre florissant pour la construction d'instruments à cordes. L'art de la fabrication des violons y a prospéré grâce à une combinaison de facteurs incluant l'abondance de matériaux de haute qualité, la tradition artisanale locale et le mécénat des nobles et des cours. Ce patrimoine historique est aujourd'hui célébré et préservé au Musée du Violon de Crémone, l'une des attractions culturelles les plus importantes de la ville.

Inauguré en 2013, le musée propose un parcours d'exposition qui permet aux visiteurs de plonger dans l'histoire et les techniques de fabrication des violons. La collection permanente comprend des chefs-d'œuvre réalisés par les célèbres luthiers crémonais tels que Stradivari, Amati et Guarneri. La « Salle des Ateliers » reconstitue les anciens laboratoires des maîtres luthiers. La « Salle des Violons » abrite une extraordinaire collection d'instruments historiques exposés dans des vitrines climatisées avec des descriptions détaillées.

L'Auditorium Giovanni Arvedi, acoustiquement parfait, accueille des concerts et des auditions régulières, permettant aux visiteurs d'apprécier le son sublime des instruments historiques. Le musée est également un centre d'éducation et de recherche, avec des ateliers éducatifs proposant des cours et des formations pour les aspirants luthiers et musiciens.

Visiter le Musée du Violon de Crémone signifie s'immerger dans la magie des instruments à cordes et comprendre l'héritage des grands maîtres luthiers qui ont fait de Crémone un centre d'excellence dans l'art de la lutherie.

Infos pratiques

Ouvert du mardi au vendredi de 11 h à 17 h, samedi et dimanche de 10 h à 18 h

Plein tarif : 12 €
Tarif réduit : 9 €

Accessible aux personnes handicapées.

© Adobe Stock - efesenko

D'autres lieux extraordinaires :

- **Place Communal à Crémone :** C'est le cœur vibrant de la ville, entouré de bâtiments historiques et dominé par le Torrazzo, le plus haut campanile d'Italie.
- **Soncino :** Village médiéval bien conservé, avec la Rocca Sforzesca, la synagogue et l'imprimerie juive. C'est l'un des plus beaux villages d'Italie.
- **Musée du Bijou à Casalmaggiore :** Il abrite près de 20 000 objets, tous produits par les différentes usines de Casalmaggiore.
- **Piste Ciclabile dell'Oglio :** Il s'agit d'une route panoramique le long du fleuve Oglio, idéale pour les amateurs d'activités de plein air.

Comment se déplacer ?

En train : Trains à grande vitesse et régionaux depuis les principales villes italiennes vers Crémone

En bus : Réseau de transports « Arriva Italia Srl » de la province de Crémone

À vélo : Pédalez sur la piste cyclable VenTo, un itinéraire cyclable de longue distance qui relie Turin à Venise, en suivant le cours du fleuve Po sur 700 km.

En canoë : Le fleuve Oglio est navigable en canoë depuis l'Isola Dovarese, en aval d'un double saut artificiel, jusqu'au ponton de Torre d'Oglio.

LOMBARDIE

ORRIDO DI BELLANO

BELLANO – LECCO

Les protagonistes de cette histoire géologique fascinante ont été le torrent Pioverna et le glacier de l'Adda. Grâce à un lent processus d'érosion qui a duré des millions d'années, l'action incessante de l'eau a façonné les parois de cet endroit, créant les formes spectaculaires que nous pouvons admirer aujourd'hui.

On raconte que la gorge a été découverte par hasard par un groupe de chasseurs au cours du XVIIe siècle, attirés par le bruit de l'eau qui coulait à l'intérieur. Cependant, l'histoire officielle raconte que l'Orrido di Bellano a été « redécouvert » et ouvert au public seulement en 1872 grâce à l'initiative d'Alessandro Cipriano Denti, un noble de Bellano qui possédait des terrains dans la région.

Avec un parcours d'environ 200 mètres et un dénivelé de 40 mètres, l'orrido offre aujourd'hui aux visiteurs une expérience émotionnelle et suggestive, immergée dans la nature sauvage du Parc régional du Grigna Septentrional.

Le parcours se développe le long d'un sentier suspendu en bois, adossé aux parois rocheuses de la gorge. Pendant le parcours, on peut admirer de près les impressionnantes parois calcaires, hautes jusqu'à 70 mètres, et les cascades suggestives qui jaillissent des rochers, créant une atmosphère magique et envoûtante.

Pour les plus audacieux, il est également possible de marcher sur un pont suspendu tibétain. Situé à environ 40 mètres au-dessus du torrent, le pont procure des émotions fortes et permet d'admirer l'Orrido d'un point de vue unique et époustouflant.

Infos pratiques

Horaires spécifiques à chaque saison. Plus d'informations sur https : //www.discoveringbellano.eu/it/orrido-di-bellano/

Plein tarif : 6 €
Prix réduit : (4 à 12 ans) 4 €
Gratuit jusqu'à 4 ans

Les chiens de toutes tailles sont acceptés.

Le parcours est très simple et adapté à tous. Présence d'escaliers et de passages étroits.

© Aurore Lucas

D'autres lieux extraordinaires :

- **Abbaye de Piona à Colico :** Située sur la rive orientale du lac de Côme, c'est un monastère cistercien avec une église romane.
- **Musée Manzoniano :** Dédié à Alessandro Manzoni, l'un des plus importants écrivains italiens.
- **Sentiero del Viandante (Sentier du voyageur) :** Route panoramique qui serpente le long de la rive orientale du lac de Côme.
- **Château de Vezio à Varenna :** Cet ancien château médiéval est entouré d'un paysage pittoresque et accueille souvent des événements culturels.

Comment se déplacer ?

En train : Descendre à la gare de Bellano Tartavalle Terme sur la ligne locale Lecco-Valtellina.

En bus : Réseau « Lecco Trasporti » de la province de Lecco.

En bateau : Débarquement au port de Bellano depuis les principales localités du lac.

À pied : Une étape le long du populaire « Sentiero del Viandante ».

LOMBARDIE

PARC ADDA SUD

LODI ET CRÉMONE

Comme les premières lueurs du jour touchent la surface des eaux calmes des méandres de l'Adda, la nature se réveille, la brume se dissipe et laisse place aux beautés du parc. Créée en 1983, cette zone protégée comprend une variété d'habitats naturels, dont des zones humides, des forêts, des champs agricoles et des zones boisées, sur une superficie totale de 24 260 hectares, s'étendant le long du cours inférieur de l'Adda, entre les provinces de Crémone et de Lodi.
C'est un parc spécial, en raison de la protection qu'il offre à la biodiversité italienne, avec plus de 1000 espèces de flore et 400 espèces de faune. Parmi les espèces les plus emblématiques, on trouve le cygne blanc, le héron cendré, le balbuzard pêcheur, le ragondin et le cerf.
C'est un parc à vivre, un paradis pour les amoureux de la nature. De nombreuses opportunités de loisirs et de sport y sont offertes, comme la randonnée, le cyclisme, l'observation des oiseaux, le canoë et la pêche. À l'intérieur de son territoire, on trouve également plusieurs centres de visiteurs et musées, où il est possible d'approfondir la connaissance du territoire et de ses beautés naturelles.
C'est un parc à explorer, gardien d'un riche patrimoine historique et culturel. Il abrite de nombreux châteaux, villas et églises, datant de diverses époques historiques. Parmi les lieux d'intérêt les plus importants, citons le Château de Ca' del Bosco, le Monastère de Saint Michel Archange, la Basilique de Saint Sigismond et le Pont d'Azzanello.
C'est un parc idéal pour passer une journée en famille ou entre amis. L'offre d'espaces verts où l'on peut pique-niquer, jouer et profiter du contact avec la nature est vaste. Un joyau à découvrir au cœur de la Lombardie.

Infos pratiques

Ouvert toute l'année.

Entrée gratuite.

Certains lieux, comme les musées et les monuments historiques, peuvent être payants. Consultez le site Internet pour connaître les tarifs en vigueur.

Visites guidées : pour plus d'informations, contacter les gardes du parc Tél. +39 0371 41 11 29 - int. 4

Possibilité d'itinéraires éducatifs à thème.

D'autres lieux extraordinaires :

- **Citadelle Viscontea di Lodi :** Avec ses tours et ses murs, elle offre un aperçu de l'histoire de la ville et de l'architecture défensive.
- **Village de Lodi Vecchio :** Centre historique dont les rues pavées, ses places et les bâtiments historiques créent une atmosphère unique.
- **Villa Malacrida à Sant'Angelo Lodigiano :** Avec ses jardins bien entretenus, représente un exemple d'architecture noble dans la province de Lodi.
- **Villa Litta à Orio Litta :** Une splendide villa aristocratique, entourée d'un parc séculaire, qui propose des visites guidées et des événements culturels.

Comment se déplacer ?

En train : Trains locaux sur la ligne Milan-Piacenza pour Lodi ou Pizzighettone.

En bus : Réseau "STAR Mobility SPA" de la province de Lodi.

À vélo : De nombreux itinéraires cyclables sur le site officiel du Parco Adda Sud avec des cartes téléchargeables.

À pied : Différents nombreux itinéraires sur le site officiel du Parco Adda Sud.

LOMBARDIE

SALA DEI GIGANTI, PALAZZO TE

MANTOUE

Franchir le seuil de la Salle des Géants du Palais Te à Mantoue, c'est pénétrer dans un univers fantastique. Sous le regard vigilant des Géants, figures mythologiques peintes sur les murs, on se sent à la fois minuscule et enveloppé par un sentiment de puissance et de majesté. Les couleurs vives, les scènes dynamiques et l'illusion perspective créent un effet tridimensionnel saisissant, donnant l'impression que les murs s'effondrent et transportent le visiteur dans une autre dimension. Une expérience qui éveille les sens et bouleverse l'âme.

L'œuvre de Giulio Romano, génie de la Renaissance italienne, s'exprime ici avec toute sa force et son originalité. Cette salle, considérée comme l'un des chefs-d'œuvre absolus de la peinture maniériste, illustre parfaitement sa capacité à marier la mythologie classique à la réalité contemporaine. Sa représentation de la puissance brute des Géants en contraste avec la fragilité humaine fait de la Salle des Géants un lieu unique et inoubliable.

Mais la Salle des Géants n'est qu'un des nombreux joyaux que renferme le Palais Te. Ce complexe monumental extraordinaire, commandé par Frédéric II Gonzague comme résidence d'été et lieu de divertissement, est un véritable écrin de trésors artistiques. Des fresques raffinées des autres salles aux splendides sculptures des jardins, sans oublier les ingénieux jeux d'eau des fontaines, le Palais Te est une œuvre d'art totale qui captive et émerveille chaque visiteur.

Infos pratiques

Horaires spécifiques à chaque saison. Plus d'informations sur https://www.centropalazzote.it/

Plein tarif : 15 €
Tarif réduit : 11 €
Il est recommandé d'acheter à l'avance les week-ends et les jours fériés.

Depuis l'Italie : 800 714049 | Depuis l'étranger : + 39 041 2719013 Du lundi au vendredi de 8 h 30 à 19 h ; le samedi de 8 h 30 à 14 h.

© Adobe Stock - Wjarek

D'autres lieux extraordinaires :

- **Basilique de Sant'Andrea :** Chef-d'œuvre de l'architecture Renaissance, conçue par Leon Battista Alberti.
- **Palais Ducal de Mantoue :** Un imposant complexe architectural qui fut la résidence de la famille Gonzague, seigneurs importants de Mantoue.
- **Sabbioneta :** Conçue par le célèbre architecte Vespasiano Gonzaga Colonna au XVIe siècle, Sabbioneta représente un parfait exemple de ville idéale de la Renaissance.
- **Bosco Fontana :** L'une des plus grandes forêts de la vallée du Pô, avec le pavillon de chasse des Gonzaga.

Comment se déplacer ?

En train : Trains régionaux et locaux depuis les principales villes italiennes vers Mantoue

En bus : Depuis la gare, lignes APAM : 8 / 4C / 4S / 4T.

À vélo : Mantoue est le point d'arrivée et de départ de la piste cyclable Peschiera.

En canoë : Location et visites guidées aux lacs de Mantoue et à la rivière de Mincio.

En bateau : Excursions en bateau organisées par Motonavi Andes.

LOMBARDIE

MUSÉE NATIONAL DES SCIENCES ET TECHNOLOGIES LÉONARD DE VINCI

MILAN

Inauguré en 1953 au sein d'un ancien monastère olivétain restauré, le musée se dresse comme un trésor d'inventions et de découvertes, où le passé dialogue avec le présent et le futur. Le cœur battant du musée est les Galeries de Léonard, dédiées au génie de Léonard de Vinci. Ici, il est possible d'admirer des modèles en bois réalisés à partir de ses dessins originaux, allant de machines ingénieuses à des études d'anatomie humaine. Une véritable plongée dans l'esprit d'un visionnaire qui a anticipé son temps.

Mais le musée ne se limite pas au génie de Léonard. À l'intérieur, un parcours d'exposition de découverte active embrasse toute l'histoire de la science et de la technologie, avec des sections dédiées aux transports, à l'énergie et aux matériaux.

Le choix de Milan comme siège du musée n'est pas un hasard. La ville a toujours eu un lien profond avec Léonard de Vinci, qui y a passé une période fondamentale de sa vie. De plus, Milan est un centre d'innovation technologique et industrielle, un terrain fertile pour la collaboration entre le musée et les entreprises du secteur.

Né avec l'objectif de promouvoir l'éducation scientifique, le Musée National de la Science et de la Technologie « Léonard de Vinci » continue d'être un point de référence fondamental pour la diffusion de la culture scientifique. Un lieu où le passé inspire le présent et le présent ouvre les portes à l'avenir, stimulant la curiosité et l'ingéniosité des nouvelles générations.

Infos pratiques

Ouvert de fin juin à début septembre
Du mardi au vendredi 10 h - 18 h
Samedi, dimanche et jours fériés 10 h - 19 h

De début septembre à fin juin
Du mardi au vendredi 9 h 30 - 17 h
Samedi, dimanche et jours fériés 9 h 30 - 18 h 30

Plein tarif (27-65 ans) 10 €.
Tarif réduit : 7,50 €

D'autres lieux extraordinaires :

• **Duomo de Milan :** Avec ses flèches et ses sculptures, c'est un symbole emblématique de Milan et offre une vue panoramique depuis la terrasse.

• **Château des Sforza :** Une imposante forteresse avec des musées et des collections d'art. Entouré de parcs, il offre une riche expérience historique et artistique.

• **Navigli de Milan :** Une série de canaux navigables traversant le cœur de Milan.

• **Pinacothèque de Brera :** Galerie d'art abritant des chefs-d'œuvre d'artistes italiens tels que Piero della Francesca, Caravaggio, Raphaël et bien d'autres.

Comment se déplacer ?

En train : Trains à grande vitesse et régionaux depuis les principales villes italiennes vers Milan.

En métro : Métro M2, arrêt S. Ambrogio.

En bus :
Bus 58, arrêt Museo della Scienza
Bus 94, arrêt Carducci.

En vélo : Depuis la ville de Milan, il est possible d'accéder à trois pistes cyclables le long du Naviglio Grande, du Naviglio Pavese et du Naviglio della Martesana.

En bateau : D'avril à septembre, il est possible de naviguer le week-end sur les Navigli.

En canoë : Partant du centre de Milan, les Navigli serpentent sur des kilomètres à travers la campagne lombarde.

LOMBARDIE

VILLA REALE DE MONZA

MONZA – MONZA ET BRIANZA

La Villa Reale (royale) de Monza, connue sous le nom de « villa » mais souvent considérée comme un palais en raison de sa magnificence et de son importance historique, a été construite comme résidence d'été pour l'archiduc Ferdinand d'Autriche, fils de l'impératrice Marie-Thérèse. Conçue par l'architecte Giuseppe Piermarini entre 1777 et 1780, la villa représente l'un des meilleurs exemples d'architecture néoclassique en Italie. À l'intérieur, on trouve des intérieurs somptueux, décorés de fresques, de stucs dorés et de meubles d'origine ; une vue fascinante sur la vie de cour du XVIIIe siècle. Mais la véritable unicité de la Villa Reale réside probablement dans ses espaces extérieurs. Les Jardins Royaux où l'on peut rencontrer la célèbre « Bella di Monza », l'une des plus de 400 variétés de roses qui y poussent.
Son vaste parc de plus de 700 hectares est l'un des plus grands parcs clôturés d'Europe et surprend le visiteur juste derrière la Villa. Cet « océan vert », institué par Napoléon Bonaparte en 1805, inclut des jardins à l'italienne, des allées bordées d'arbres et des étangs pittoresques. Il offre un environnement naturel d'une beauté et d'une tranquillité extraordinaires, idéal pour des promenades, des activités en plein air et des moments de détente pour toute la famille ou, pourquoi pas, une journée romantique. Peut-être est-ce l'une des raisons qui en fait une destination populaire pour réaliser des souvenirs photographiques de mariage avec une entrée royale en voiture ancienne et des tenues de cérémonie, surtout les week-ends de la belle saison.

Infos pratiques

Horaires spécifiques à chaque saison. Plus d'informations sur https://reggiadimonza.it/

Plein tarif : 10 €
Tarif réduit : 8 €
Entrée gratuite au Parc et aux Jardins Royaux

Accessible aux personnes handicapées

Principaux accès : viale Brianza à Monza, via Enzo Ferrari à Vedano al Lambro, via Farina à Villasanta

© Aurore Lucas

D'autres lieux extraordinaires :

- **Musée et Trésor du Duomo de Monza :** Une collection d'œuvres d'art sacrées et d'objets précieux liés à l'histoire de la cathédrale et de la ville.
- **Palais Arese Borromeo à Cesano Maderno :** Une résidence noble du XVIe siècle avec des fresques, des jardins et une histoire riche.
- **Cascades du Lambro à Triuggio :** Offre des sentiers panoramiques et une cascade qui crée une atmosphère paisible et pittoresque.
- **Vimercate :** Village médiéval avec un château et un centre historique bien conservé.

Comment se déplacer ?

En train : Sur le site de Trenord, vous pouvez calculer votre itinéraire.
Tilo offre également des services de liaison vers la Reggia di Monza.

En bus : Sur le site Autoguidovie Monza e Brianza, vous pouvez planifier votre voyage.

À vélo : Explorez la Reggia à vélo, ses avenues et sentiers.

À pied : Le sentier de Sant'Agostino propose 620 km répartis en 26 étapes, touchant et reliant cinquante sanctuaires mariaux en Lombardie.

PV

LOMBARDIE

CERTOSA DE PAVIE

CERTOSA DI PAVIA – PAVIE

La Chartreuse de Pavie est un chef-d'œuvre architectural qui fusionne magistralement art, histoire et spiritualité, située à quelques kilomètres de Milan. Fondée en 1396 par la volonté de Gian Galeazzo Visconti, premier Duc de Milan, à la gloire de sa famille, la Chartreuse est un témoignage exceptionnel du gothique lombard et de la Renaissance italienne. À l'arrivée, on est accueilli par la dentelle ininterrompue de marbres de la façade.

À l'intérieur, l'église est un triomphe d'élégance et de magnificence. La nef centrale impressionne par son espace et sa luminosité, enrichie de fresques et de décorations qui racontent des histoires sacrées et célèbrent la dévotion religieuse. Parmi les trésors cachés, le chœur des moines se distingue avec ses magnifiques stalles en bois sculpté, et les nombreuses chapelles latérales qui renferment des œuvres d'art d'une valeur inestimable.

Le monastère, encore habité par des moines cisterciens, offre un aperçu fascinant de la vie monastique. Le grand cloître, avec son silence solennel et son jardin soigné, est un lieu de paix et de réflexion, idéal pour une promenade contemplative.

La Chartreuse de Pavie n'est pas seulement un joyau architectural, mais aussi un lieu de profonde spiritualité et d'histoire. Chaque recoin de la Chartreuse raconte une histoire séculaire de foi et d'art, la rendant une destination incontournable pour ceux qui souhaitent s'immerger dans la beauté et la sérénité du patrimoine culturel italien.

© Aurore Lucas

D'autres lieux extraordinaires :

- **Château Visconti à Pavie :** Avec ses tours et ses murs, elle offre une vue sur la ville et accueille souvent des événements culturels.
- **Oltrepò Pavese :** Une région vallonnée renommée pour ses vignobles et la production de vins fins.
- **Rocca d'Olgisio à Montalto Pavese :** Une forteresse médiévale située sur une colline offrant une vue panoramique sur la vallée de Versa.
- **Musée du Risorgimento à Pavie :** Il raconte l'histoire de la période du Risorgimento italien à travers des documents, des objets et des expositions interactives.

Comment se déplacer ?

En train : Utiliser le « Passante Ferroviario Trenord » S13 (Milan Bovisa-Pavia et vice versa).

En bus : En empruntant la ligne Pavia-Milan, la société « Autoguidovie » relie la Chartreuse avec un service de transport régulier environ toutes les demi-heures.

À vélo : Il existe une piste cyclable entre Pavie et Milan qui suit l'ancienne voie fluviale du Naviglio Pavese.

À pied : Le sentier des Celtes et des Ligures traverse la Lombardie, l'Émilie-Romagne et la Ligurie. Départ de Milan et arrivée à Sestri Levante en 10 étapes et 220 km.

LOMBARDIE

LE TRAIN ROUGE DU BERNINA

TIRANO – SONDRIO

Le Bernina Express est un voyage panoramique à travers des glaciers scintillants, des lacs alpins d'un bleu intense, des pâturages verdoyants et des villages de montagne pittoresques des Alpes, entre la Suisse et l'Italie. Le trajet relie Tirano à St. Moritz, sur environ 60 kilomètres, à travers un éventail de paysages extraordinaires, des vignobles de la Valteline aux forêts de la Val Poschiavo, en passant par l'Ospizio Bernina à 2 253 mètres d'altitude. Grâce aux particularités du paysage et aux caractéristiques techniques, ce voyage fait partie du patrimoine mondial de l'UNESCO depuis 2008. Parmi les meilleurs moments du voyage, on trouve les Marmites des Géants à Cavaglia et, en levant les yeux, les vues surréalistes du Piz Palü, jusqu'à la terrasse panoramique de la gare d'Alp Grüm. Il est donc conseillé de faire une halte intermédiaire à une ou plusieurs stations de la ligne avant de remonter et de poursuivre le voyage.

Inauguré en 1910, le Bernina Express est célèbre pour ses montées et descentes incroyables sans l'aide de crémaillères. Ce voyage est un véritable triomphe de l'ingénierie ferroviaire, avec des tronçons hélicoïdaux, des viaducs vertigineux et des tunnels défiant la gravité. En hiver, le paysage se transforme en un royaume magique de glace et de neige, tandis qu'en été, les prairies fleuries et les forêts luxuriantes offrent un kaléidoscope de couleurs. Chaque saison offre au voyageur une vue différente, mais toujours magnifique.

Infos pratiques

Plein tarif aller-retour : 70 €
Tarif réduit aller-retour : (jusqu'à 15 ans) 35 €
Gratuit jusqu'à 5 ans

Il est fortement recommandé de réserver.

Accessible aux personnes handicapées.

Les chiens peuvent être emmenés à bord du train, vérifier les coûts et les détails sur le site officiel.

© Adobe Stock - nadirco

D'autres lieux extraordinaires :

- **Val di Mello :** Une vallée sauvage et intacte, connue pour ses parois rocheuses, idéale pour les amateurs d'escalade et de nature.
- **Bormio Terme :** Un complexe thermal avec des piscines thermales intérieures et extérieures, des saunas et des services de bien-être.
- **Musée Palazzo Besta à Teglio :** Un musée historique qui présente la vie quotidienne au XVIIIe siècle, avec des meubles d'époque, une bibliothèque et une salle des trésors.
- **Sentier Valteline à Grosotto :** Un parcours de randonnée qui traverse des forêts et offre des panoramas pittoresques dans la région de Grosotto.

Comment se déplacer ?

En train : Trains régionaux des principales villes italiennes vers Tirano.

En bus : Réseau de transport « Automobilistica Perego S.p.A. » de la province de Sondrio.

À vélo : Découvrez la Valteline en parcourant le Sentier Valteline, le long de la piste cyclable de l'Adda BI 17 de Bormio à Colico sur 114 km.

À pied : Le sentier des Celtes et des Ligures traverse la Lombardie, l'Émilie-Romagne et la Ligurie. Départ de Milan et arrivée à Sestri Levante en 10 étapes et 220 km.

LOMBARDIE

MONT SACRÉ DE VARÈSE

VARÈSE

Le « Sacro Monte » de Varèse est un chemin intemporel qui serpente entre ciel et terre, mêlant sacré et profane en une harmonie parfaite. Cet extraordinaire parcours se déploie le long de 14 chapelles dédiées aux Mystères du Rosaire, chacune représentant un joyau d'architecture et de sculpture baroque. Les statues en terre cuite polychrome qui les ornent narrent la vie de Jésus-Christ, plongées dans des scénographies suggestives et des fresques précieuses.

Le nombre des chapelles, 14, représente les Mystères principaux du Rosaire, une prière catholique qui retrace la vie de Jésus à travers 20 moments significatifs. Lorsque le « Sacro Monte » a été construit au XVIIe siècle, les Mystères lumineux, introduits seulement en 2002, ne faisaient pas encore partie de la dévotion mariale.

Le choix de cette hauteur pour la construction du Sacro Monte n'est pas un hasard. La colline de Varèse, avec sa vue panoramique sur la ville et les Préalpes lombardes, offre un cadre de beauté et de tranquillité extraordinaire, parfait pour la méditation et la prière. La position élevée symbolise également un chemin d'ascension spirituelle, invitant les pèlerins à s'élever vers le divin tout en montant vers le Sanctuaire de Santa Maria del Monte, qui couronne le parcours.

Cette combinaison unique de foi, d'art et de nature fait du Sacro Monte de Varèse une destination incontournable pour ceux qui cherchent une expérience enrichissant à la fois l'âme et les sens.

Infos pratiques

Gratuit et libre d'accès, le parcours est long de 2 km avec un dénivelé de 250 mètres. Il ne peut être parcouru qu'à pied. L'avenue est pavée, des chaussures confortables sont recommandées.

Ouvert tous les jours de 8 à 18 heures.

Les chiens sont autorisés le long de l'avenue de la Chapelle s'ils sont tenus en laisse.

© Aurore Lucas

D'autres lieux extraordinaires :

• **Jardins Estensi de Varèse :** Un parc enchanteur avec des jardins à l'italienne et un palais historique, idéal pour des promenades et des moments de détente.

• **Ermitage de Santa Caterina del Sasso à Leggiuno :** Un ermitage construit sur la roche surplombant le Lac Majeur, avec des fresques médiévales et une vue à couper le souffle.

• **Villa Panza à Varèse :** Une villa historique avec des jardins fascinants, abritant une collection d'art moderne et contemporain.

• **Bourg d'Arcumeggia à Casalzuigno :** Connu comme « le village des artistes », ce bourg est célèbre pour les fresques qui décorent les façades des maisons.

Comment se déplacer ?

En train : Trains intercity et régionaux des principales villes italiennes pour Varèse.

En bus : Le service public LINEA C dessert P.le Montanari et le bourg.

En funiculaire : Utiliser le funiculaire Vellone-Sacro Monte géré par ATM et AVT.

BZ

TRENTIN-HAUT-ADIGE

LUMEN - MUSÉE DE LA PHOTOGRAPHIE DE MONTAGNE

RISCONE/REISCHACH – BOLZANO/BOZEN

Au cœur des montagnes du Tyrol du Sud et des Dolomites, où Le Corbusier trouva « l'architecture naturelle la plus belle du monde », se dresse le LUMEN – Musée de la Photographie de Montagne.

Le LUMEN n'est pas une nouvelle construction, mais un projet de reconversion architecturale de l'ancienne station amont du téléphérique de Plan de Corones, inaugurée en 1963. Après 20 ans d'activité, le téléphérique a été remplacé par une télécabine, permettant de monter au sommet, et la station amont a progressivement trouvé une nouvelle vie en tant que musée.

Situé à 2265 mètres d'altitude, le LUMEN offre une immersion totale dans le charme de la montagne. À travers quatre étages d'expositions permanentes et temporaires, le musée retrace l'histoire de la photographie de montagne, des premières images aux prises de vues les plus récentes. Les œuvres de photographes venus du monde entier dialoguent avec des installations numériques et des productions multimédia spectaculaires.

Le musée explore le thème de la montagne sous de multiples perspectives, mêlant les fils de l'alpinisme, du tourisme, de la politique, de la spiritualité et de l'histoire. Parmi les attractions les plus suggestives, l'obturateur géant : une ouverture qui se transforme en écran de projection, offrant une expérience visuelle immersive capturant l'essence de la photographie de montagne. En se tenant devant ce cercle concentrique qui s'ouvre progressivement sur l'horizon, on perçoit presque l'essence des montagnes entourant le musée, touchant ainsi l'âme.

Infos pratiques

Ouvert du lundi au dimanche et les jours fériés 10 h - 16 h
Dernière descente en téléphérique 17 h

Plein tarif : 17 €

Tarif réduit : (étudiants, handicapés et retraités) 12 €

Enfants (6-14 ans) 10 €

Billet famille : (2 adultes, enfants 6-14 ans) 34 €

Accessible aux personnes handicapées. Chiens non admis.

© manuelkottersteger

D'autres lieux extraordinaires :

- **Musée archéologique du Tyrol du Sud :** Découvrez l'histoire de l'homme des glaces Ötzi et la culture préhistorique des Alpes dans ce musée renommé.
- **Val Fiscalina :** Explorez sa beauté naturelle, entre prairies verdoyantes, montagnes imposantes et sentiers de randonnée à travers le paysage alpin.
- **Village de Glorenza :** Un charmant village fortifié.
- **Abbaye de Monte Maria :** Une ancienne abbaye bénédictine dans un cadre naturel évocateur.

Comment se déplacer ?

En remontées mécaniques : Téléphériques depuis Riscone, Valdaora, San Vigilio.

En train : Trains locaux de la ligne Fortezza - San Candido / Innichen avec arrêt à Valdaora ou Brunico.

En bus : Autobus du transport public dans la Val Pusteria opérés par Holzer Bus Srl.

À vélo : Profitez d'une balade tranquille le long de la piste cyclable du Val Pusteria.

À pied : Explorez le Sentiero Panoramico Concordia 360 degrés ou la Via Artis, deux parcours thématiques autour du sommet de Plan de Corones.

TRENTIN-HAUT-ADIGE

SCILIAR-CATINACCIO, LATEMAR

TRENTE ET BOLZANO/BOZEN

À la frontière entre ciel et terre, un fantastique ensemble de tours audacieuses et acérées offre un panorama à couper le souffle, attirant les passionnés de nature depuis les débuts de l'alpinisme.

Le massif du Catinaccio, partie emblématique des Dolomites, est sans aucun doute l'un des spectacles naturels les plus fascinants et iconiques du paysage montagnard mondial. C'est le Français Déodat de Dolomieu, lors de ses explorations géologiques au XVIIIe siècle, qui fut le premier à découvrir que les montagnes de cette région étaient composées d'un type de roche inédit.

Formées il y a plus de 200 millions d'années, ces structures rocheuses sont le fruit de processus naturels complexes, donnant naissance à des formes extraordinaires et uniques. Chaque tour porte un nom et une histoire, mêlant légendes et récits locaux, dont la célèbre légende du Roi Laurin et de son jardin de roses.

La région est également un paradis pour les photographes, grâce aux jeux de lumière et d'ombre qui se dessinent sur les parois rocheuses, particulièrement à l'aube et au crépuscule. Les randonneurs peuvent admirer la flore et la faune alpine le long des sentiers, avec la possibilité d'apercevoir des chamois, des marmottes et des aigles royaux dans leur habitat naturel.

Facilement accessible, la zone est desservie par un réseau de sentiers bien balisés, adaptés à tous les niveaux d'expérience. Pour les plus aventureux, l'ascension jusqu'au refuge Roi Albert I, situé à 2621 mètres, est une expérience inoubliable. De là, la vue sur les tours est tout simplement spectaculaire, un panorama saisissant qui marque les esprits à jamais.

Infos pratiques

Accès et parking : Les Tours du Vajolet sont accessibles librement et gratuitement depuis la Val di Fassa, via des sentiers de randonnée de différents niveaux de difficulté.

Pour les excursions, il est possible de partir de Vigo di Fassa en utilisant le téléphérique Ciampedine, ou de Pera di Fassa en prenant la télécabine jusqu'au deuxième tronçon.

Il y a des possibilités d'hébergement dans les refuges de l'altopiano.

D'autres lieux extraordinaires :

- **Musée des Sciences - MUSE :** Propose des expositions intéressantes sur des sujets tels que la biodiversité, l'évolution et l'écologie.
- **Canyon du Rio Novella Lac Santa Giustina :** Une destination populaire pour les amateurs de kayak et de canoë-kayak.
- **Marocche di Dro :** Elle se caractérise par de grandes étendues de rochers et de pierres, avec une flore et une faune uniques.
- **Forêts de Paneveggio :** Forêts d'épicéas, connues sous le nom de « bois harmonieux ». C'est un endroit idéal pour les excursions.

Comment se déplacer ?

En bus : Pour rejoindre la vallée de la Fassa depuis Trente et se déplacer facilement d'un village à l'autre dans la vallée, vous pouvez utiliser le service de transport public Trentino Trasporti.

En vélo : La piste cyclable des « Dolomiti » relie la Val di Fassa à la voisine Val di Fiemme dans un itinéraire panoramique de 47,5 km.

À pied : Le Cammino di San Vili doit son nom à saint Vigilius, l'évêque et patron de Trente qui, selon la légende, l'aurait parcouru dans le cadre de son travail d'évangélisation au IVe siècle de notre ère.

En canoë : Le lac Molveno offre à ceux qui le traversent en canoë une vue privilégiée sur les Dolomites.

VÉNÉTIE

MUSÉE DE LA GRANDE GUERRE, MARMOLADA

ROCCA PIETORE – BELLUNO

Le Musée de la Grande Guerre est perché à 3 000 mètres d'altitude, où les imposants sommets de la Marmolada servent de toile de fond aux souvenirs d'un passé dramatique. À l'intérieur, une riche collection de pièces authentiques, de photographies, de documents et de témoignages raconte la vie des soldats qui ont combattu parmi ces sommets. Les objets exposés, allant des simples outils du quotidien aux équipements militaires, offrent un aperçu vivant des difficultés et du courage de ceux qui ont vécu et sont morts dans ces contrées.

Les tranchées reconstruites et les postes d'artillerie transportent les visiteurs au cœur du conflit, tandis que les panneaux d'information et les films historiques fournissent un contexte détaillé et captivant. Chaque recoin du musée est conçu pour offrir une compréhension approfondie des événements, mettant en lumière à la fois les stratégies militaires et les histoires personnelles de sacrifice et de survie.

La localisation du musée, accessible par la télécabine partant de Malga Ciapela, ajoute un élément d'aventure à la visite. La montée offre des panoramas à couper le souffle qui préparent les visiteurs à l'intensité émotionnelle de l'expérience muséale. Une fois au sommet, la vue panoramique sur les Dolomites, classées au patrimoine mondial de l'UNESCO, rend hommage à la beauté et à la dureté du théâtre de guerre alpin.

Le Musée de la Grande Guerre sur la Marmolada n'est pas seulement un lieu de mémoire historique, mais aussi un point de réflexion sur la paix et la résilience humaine.

Infos pratiques

Horaires spécifiques à chaque saison.
Plus d'informations sur https://www.museomarmoladagrandeguerra.com/

Accessible uniquement par le téléphérique inclus dans le prix de Malga Ciapela 1450 m à Serauta 2950 m

Plein tarif aller-retour : 32 €
Tarif réduit : 18 €

D'autres lieux extraordinaires :

- **Bourg de Mel :** L'un des plus beaux villages d'Italie. Il se caractérise par ses maisons en pierre, ses ruelles étroites et son château médiéval.
- **Lac Misurina et Tre Cime di Lavaredo :** Ce paysage à couper le souffle est l'un des plus emblématiques des Dolomites.
- **Sanctuaire de San Martino à Belluno :** Situé sur une colline au-dessus de la ville, cet ancien sanctuaire offre des vues spectaculaires.
- **Cortina d'Ampezzo :** Souvent appelée la « Perle des Dolomites », elle est réputée pour sa beauté naturelle et pour être l'une des stations de ski les plus prestigieuses d'Italie.

Comment se déplacer ?

En train : Trains locaux et interurbains entre les principales villes italiennes et Belluno.

En bus : Transport assuré par Dolomiti Bus S.p.A. avec des services réguliers entre les principales localités.

À pied : Découverte du parc national des Dolomites de Belluno sur les sentiers du CAI (Club Alpino Italiano).

VÉNÉTIE

PD

THÉÂTRE ANATOMIQUE DE L'UNIVERSITÉ DE PADOUE

PADOUE

Au sein du Palais du Bo, siège de la prestigieuse Université de Padoue, se trouve un véritable chef-d'œuvre : le Théâtre Anatomique. Construit au XVIe siècle, il est aujourd'hui le plus ancien théâtre anatomique permanent au monde. Ce chef-d'œuvre d'architecture et d'ingénierie a été conçu pour accueillir les cours d'anatomie qui, pendant des siècles, ont attiré des chercheurs de toute l'Europe et du monde.

Le Théâtre Anatomique possède une forme conique elliptique, avec six gradins concentriques en bois de noyer sculpté offrant des places pour environ 250 personnes. La structure est surmontée d'une coupole octogonale en bois, qui était à l'origine ouvrante pour permettre l'éclairage naturel de la salle. Au centre de la salle se trouvait une table en marbre où les cadavres étaient disposés pour les dissections.

Les dissections publiques de cadavres humains dans les théâtres anatomiques universitaires étaient des événements très controversés dans le passé. D'une part, elles étaient considérées comme essentielles pour l'apprentissage de l'anatomie et le progrès de la médecine ; d'autre part, elles suscitent des curiosités morbides, des préoccupations éthiques et même de la peur parmi la population, à une époque où le corps humain était considéré comme une œuvre divine grandiose et restait encore largement mystérieux quant à son fonctionnement.

Malgré ces contradictions, il est indéniable que ce lieu est imprégné d'histoire, de culture et de tradition, où de grands esprits ont forgé le savoir et donné naissance à des découvertes révolutionnaires qui ont façonné le monde moderne.

Infos pratiques

Peut être visité avec une visite guidée du Palais du Bo d'environ 45 minutes.

Horaires en fonction de la langue. Plus d'informations sur https://www.unipd.it/palazzo-bo-giro-storico-informazioni-tariffe

Plein tarif : (26-64 ans) 8 € / Prix réduit : 6 € / Billet spécial à prix réduit : 4 € / Billet familial : 18 € / Gratuit pour les enfants (0-5 ans)

© Su concessione dell'Università degli Studi di Padova

D'autres lieux extraordinaires :

• **Arquà Petrarca :** Un village riche en histoire et en culture, qui séduit par ses ruelles et ses vues. Il accueille la « Festa della Giuggiola » (Jujubier).

• **La chapelle de Scrovegni à Padoue :** Abrite des fresques de Giotto considérées comme l'un des chefs-d'œuvre absolus de l'art occidental.

• **Terme Euganee :** Cette région est célèbre pour ses eaux thermales curatives, utilisées depuis l'époque de la Rome antique.

• **Ville fortifiée de Cittadella :** Ce vieux bourg fortifié conserve ses murs médiévaux pratiquement intacts.

Comment se déplacer ?

En train : Trains à grande vitesse et régionaux entre les principales villes italiennes et Padoue.

En bus et tram : Le service de transport public urbain dans la ville de Padoue et dans la zone thermale d'Abano, Montegrotto et Torreglia est géré par Busitalia Veneto S.p.A.

À vélo : Découvrez les voies d'eau le long de la piste cyclable Trévise - Ostiglia, la Riviera del Brenta, l'Anello Fluviale de Padoue, l'Anello des Colli Euganei et bien d'autres encore.

À pied : Chemin de Saint-Antoine relie le Frioul-Vénétie Julienne et la Vénétie, en 11 étapes et 800 ans d'histoire.

RO

THÉÂTRE SOCIAL DE ROVIGO

ROVIGO

Situé au cœur de la ville de Rovigo, le théâtre Social est un joyau architectural et culturel. Son histoire commence en 1816, lorsque la Société du Théâtre de Rovigo a été fondée. Celle-ci choisit l'emplacement de l'ancien couvent de Santa Maria dei Battuti, aujourd'hui Piazza Garibaldi, comme lieu idéal pour la construction du nouvel édifice. Le Théâtre de la Société ouvrit ses portes au public le 3 mars 1819 avec « L'ombra di Fetonte, ossia l'omaggio della riconoscenza rodigina » di Sante Campioni. Ce qui veut dire : L'ombre de Phaéton, ou l'hommage de la reconnaissance de Rovigo de Sante Campioni.
L'inauguration officielle eut lieu le 26 avril 1819 avec « Adélaïde di Borgogna » de Pietro Generali.
Par la suite, un incendie ravagea le théâtre, mais il fut rapidement reconstruit grâce aux compétences des constructeurs locaux sous la direction d'un ingénieur milanais Daniele Donghi, et embelli par des décorations qui en firent un remarquable exemple de style Art Nouveau, à la fois simple et élégant.
Avec le temps, la gestion du théâtre devint de plus en plus difficile, nécessitant une intervention publique. C'est pourquoi la gestion fut ensuite directement assumée par l'Administration Municipale en 1964.
Le « Teatro Sociale » est reconnu comme Théâtre lyrique de tradition depuis 1967. En plus de sa Saison lyrique historique, réputée internationalement, le théâtre accueille une saison de théâtre et de danse bien établie et suivie, une saison de concerts de grande qualité, un programme de jazz très attractif, des comédies musicales et divers événements annexes.
Le Théâtre Social de Rovigo est donc un phare culturel, offrant une expérience inoubliable dans un cadre historique de grand charme unique, où de grands noms de la scène lyrique internationale ont fait leurs débuts, tels que Beniamino Gigli et Renata Tebaldi.

Infos pratiques

Visite guidée possible sur réservation au +39 0425 206713 (du lundi au samedi de 8 h 30 à 13 h 30) ou en envoyant un courriel à teatrosociale@comune.rovigo.it.

Durée 1 h 30 min.

Plein tarif : 10 €
Gratuit pour les enfants jusqu'à 6 ans et les personnes handicapées.

© Aurore Lucas

D'autres lieux extraordinaires :

- **Musée archéologique national d'Adria :** Ce musée abrite une vaste collection de vestiges archéologiques provenant de la région du Polesine.
- **Palais Roverella :** Ses salles ornées de fresques et son architecture somptueuse accueillent des expositions d'art temporaires et permanentes.
- **Musée historique de « la Giostra e dello Spettacolo Popolare » :** Un lieu unique célébrant la tradition des joutes médiévales et des spectacles populaires.
- **Villa Badoer à Fratta Polesine :** Cette villa renaissance est un exemple remarquable de l'architecture vénitienne du XVIe siècle.

Comment se déplacer ?

En train : Trains régionaux et à grande vitesse depuis les principales villes italiennes vers Rovigo.

En bus : Plusieurs lignes desservent la station FS jusqu'à l'arrêt Corso del Popolo : Lignes U6, U7, U8, gérées par Busitalia.

À vélo : Parcourez l'itinéraire cyclable intercommunal « Ro8 Adige-Po » et les trois boucles cyclables dans le Polesine central à Rovigo.

VÉNÉTIE

ASOLO
ASOLO – TRÉVISE

Des collines douces et boisées entourent le village d'Asolo, au cœur de la Vénétie, qui semble immuable depuis l'époque des peintres du XVIe siècle. Asolo possède une histoire millénaire remontant à l'âge du bronze. Au fil des siècles, elle a été habitée par diverses populations, des Romains aux Lombards, des Vénitiens aux Habsbourg, chacune ayant laissé sa marque.
Ces marques se retrouvent également dans les personnalités individuelles qui ont vécu ici et ont façonné la société. En flânant dans les étroites ruelles pavées du village, on respire encore les atmosphères de trois grandes femmes du passé.
Nous sommes en 1489, lorsque Catherine Cornaro abdique le trône de Chypre en faveur de Venise, qui la récompense avec la seigneurie d'Asolo. La reine établit ici une cour raffinée, attirant artistes, écrivains et intellectuels de toute l'Europe. Le Château d'Asolo devient le centre de cette nouvelle société.
À la fin de l'année 1892, une autre femme célèbre, l'actrice Eleonora Duse, visite Asolo pour la première fois. Sa présence dans le village se prolongera plusieurs années avec de fréquents retours, trouvant ici la tranquillité loin des feux de la rampe. Duse loua une maison à Asolo, où elle aimait passer de longues heures à lire, écrire et se promener.
Enfin, dans les années 1950, Asolo devient pour Freya Stark, l'exploratrice et écrivaine britannique célèbre, une seconde maison, un lieu d'inspiration et l'endroit où elle choisit de passer les dernières années de sa vie.
Aujourd'hui, l'héritage des dames d'Asolo est encore vivant et le meilleur endroit pour approfondir leur vie est sans doute le Musée Civique. Il y a aussi des événements culturels et des parcours touristiques qui leur sont dédiés, témoignant de l'importance de leur contribution à l'histoire et à l'identité du village.

Infos pratiques

Accès :
Gratuit et libre toute l'année.

© Archivio fotografico dello IAT di Asolo

D'autres lieux extraordinaires :

• **Palais des Trecento :** Cet imposant palais médiéval est l'un des édifices civiques les plus importants de la ville de Trévise.

• **Villa Barbaro à Maser :** Conçue par l'architecte Andrea Palladio, elle est connue pour ses extraordinaires fresques de Paolo Veronese.

• **Collines du Prosecco :** Vignobles pittoresques et nombreuses caves où l'on peut déguster le célèbre vin.

• **Oderzo :** Les vestiges archéologiques romains de l'ancienne ville, tels que le théâtre romain et le musée archéologique.

Comment se déplacer ?

En train : Station de Bassano del Grappa : Desservie par des trains en provenance de Venise, Vicence, Padoue et Trente.
Station de Montebelluna : Desservie par la ligne Ferrovia Montebelluna-Feltre.

En bus : La ligne est exploitée par Mobilità di Marca (MOM, société de transport public de la ville de Trévise).

À vélo : Depuis Trente, le long de la piste cyclable de Valsugana. L'itinéraire de Padoue via Camposampiero et Castelfranco Veneto, d'environ 55 km, est également intéressant.

À cheval : Parcourez un ou plusieurs tronçons des sentiers équestres des Préalpes de Trévise et de Belluno à travers neuf municipalités de la Marca Trevigiana.

VÉNÉTIE

BURANO ET LE MUSÉE DU MERLETTO

BURANO – VENISE

Imaginez une île où les maisons semblent sorties de la palette d'un peintre impressionniste, où l'art de la dentelle se transmet de génération en génération. Bienvenue à Burano, un joyau enchâssé dans la lagune vénitienne.

On dit que les premiers habitants se sont réfugiés sur cette île pour échapper aux invasions barbares, y construisant des palafittes avec des murs périmétriques en cannes tressées, puis enduits de boue. Ces constructions ont ensuite été remplacées par des maisons en maçonnerie, que les pêcheurs auraient peut-être peintes en couleurs vives pour les reconnaître dans la brume. Aujourd'hui, ces maisons sont devenues un symbole inconfondable, invitant à se perdre dans ses ruelles (appelées calli) et à découvrir ses secrets.

Mais Burano n'est pas seulement une beauté esthétique. C'est aussi un lieu riche en histoire et en traditions. La dentelle à tombolo, patrimoine de l'UNESCO, est un art que les femmes de Burano transmettent depuis des siècles. Dans les ateliers artisanaux, on peut admirer les dentellières à l'œuvre, créant avec patience et maîtrise des dentelles d'une beauté exceptionnelle.

Et puis il y a la cuisine. La gastronomie de Burano est un festival de saveurs authentiques, avec des plats à base de poisson frais pêché dans les eaux de la lagune. Ne manquez pas l'occasion de goûter le risotto al gò, une spécialité locale qui ravira vos papilles.

Burano est une île qui enchante les sens et conquiert le cœur. Un endroit où le temps semble s'écouler plus lentement, où la vie se déroule à un rythme plus humain et où la beauté se trouve partout où l'on pose le regard.

Infos pratiques

Accès gratuit toute l'année. S'agissant d'une île, elle n'est accessible que par bateau.

Musée de la dentelle
Ouvert : 10 h - 16 h
(dernière entrée 15 h 30)
Fermé le lundi

Billet : plein tarif 5 € - réduit : 3,50 €
Enfants de 6 à 14 ans ; étudiants de 15 à 25 ans ; visiteurs de plus de 65 ans

© Aurore Lucas

D'autres lieux extraordinaires :

- **Chioggia :** Connue comme « la petite Venise », Chioggia est célèbre pour son marché de poissons, ses restaurants de fruits de mer et son caractère authentique.
- **La Scuola Grande di San Rocco :** L'un des plus importants bâtiments religieux de Venise, connu pour ses splendides œuvres d'art de Tintoretto.
- **Carnaval de Venise :** Célèbre dans le monde entier, le Carnaval de Venise est une expérience unique.
- **Surf aux Lidi di Jesolo :** Les longues plages de sable de Jesolo attirent les amateurs de surf du monde entier.

Comment se déplacer ?

En train : Trains à grande vitesse et trains régionaux depuis les grandes villes jusqu'à Venezia Santa Lucia. Il faut ensuite continuer en bateau.

En bus : Il faut ensuite continuer en bateau.

En bateau : Embarquement devant l'entrée de la gare de Venezia Santa Lucia, toutes les 10 minutes environ.

En canoë : Excursions en kayak dans les endroits secrets et cachés de Venise et de ses îles.

VÉNÉTIE

LES ARÈNES DE VÉRONE

VÉRONE

Les Arènes de Vérone prennent vie chaque nuit de spectacle, illuminée différemment, avec des artistes d'un autre temps, où les performances modernes rencontrent le charme du passé.

Ce colossal amphithéâtre datant du Ier siècle après J.-C. est sans doute le plus manifeste héritage de la Rome antique de la ville, avec de nombreuses similitudes avec le célèbre Amphithéâtre Flavien à Rome. Au cours de sa longue histoire, les arènes ont été utilisées à diverses fins : témoin immobile des combats de gladiateurs, des rugissements des lions, et probablement même du martyre des chrétiens. Avec l'avènement du Christianisme, les arènes perdit leur fonction originelle et devint une importante source de matériaux de construction, comme en témoignent ses pierres retrouvées dans la seconde enceinte murale de la ville.

« L'Arena di Verona » est le troisième amphithéâtre le plus grand qui nous soit parvenu et certainement le mieux conservé, ayant survécu au violent tremblement de terre de 1183 qui détruisit le triple ordre d'arcades superposées qui l'entouraient. L'intérieur des arènes est divisé entre la partie centrale, où se déroulaient les spectacles, et la cave à gradins pour le public, composée de 72 doubles arcades en pierre dessinant une ellipse de 110 mètres de large et 140 mètres de long.

Après divers usages, depuis 1913, avec la représentation de l'Aïda de Verdi, « l'Arena » est devenue le siège des saisons lyriques estivales, accueillant chaque année plus de 600 000 spectateurs et constituant la plus grande saison lyrique en plein air du monde. La splendide acoustique de l'amphithéâtre, la grandiosité des décors et le golfe mystique qui accueille 150 musiciens font de chaque représentation un spectacle où histoire et culture se fondent en une unique émotion.

Infos pratiques

Peut être visité en assistant à l'une des représentations du calendrier Opéra et Concerts.
De 32 € à 270 € par représentation selon la place choisie.
En participant à une visite guidée
Plein tarif : 12 €
Tarif réduit : (de 18 à 25 ans) 3 €
Gratuit pour les moins de 17 ans et les personnes handicapées avec accompagnateur.

© Aurore Lucas

D'autres lieux extraordinaires :

• **Borghetto sul Mincio :** Un village pittoresque sur les rives du Mincio, connu pour ses moulins à eau et son atmosphère enchanteresse.

• **Punta San Vigilio :** Située sur la rive orientale du lac, elle offre des vues panoramiques spectaculaires sur le lac de Garde et les montagnes environnantes.

• **San Giorgio di Valpolicella :** Offre une atmosphère tranquille et authentique, avec des rues pavées et de vieilles maisons en pierre.

• **Parc des cascades de Molina :** Ce parc naturel offre une série de cascades spectaculaires dans un cadre naturel évocateur.

Comment se déplacer ?

En train : Trains à grande vitesse et régionaux depuis les principales villes italiennes vers Vérone.

En bus : L'Arena est desservie par plusieurs lignes de bus.

À vélo : La ville est desservie par un excellent réseau de pistes cyclables. Elle est également reliée aux attractions de la province par plusieurs itinéraires.

En canoë : Le canoë-kayak est incontournable sur toutes les rives du lac de Garde.

VÉNÉTIE

VILLA LA ROTONDA
VICENCE

C'est un phénomène connu sous le nom de « cyclicité de la mode », mais il ne semble pas être exclusif aux créateurs de mode. En architecture aussi, pendant la Renaissance, un homme a su faire revivre la beauté classique de manière innovante.
Andrea Palladio (Andrea di Pietro della Gondola) a commencé sa carrière modestement, comme tailleur de pierre, mais son talent ne passa pas inaperçu. Découvert par Gian Giorgio Trissino, un érudit humaniste qui devint son mentor, Palladio eut l'opportunité de voyager à Rome, où il étudia les ruines des bâtiments anciens.
En même temps, il établit des relations étroites avec les familles nobles et influentes du Veneto, telles que les Barbaro, les Thiene et les Pisani. Ces familles recherchaient des architectes talentueux pour construire leurs résidences de campagne, appelées villas, qui symbolisaient leur statut et leur pouvoir.
La Villa Almerico Capra, connue sous le nom de « La Rotonda », est l'une des œuvres les plus emblématiques de Palladio. Construite entre 1566 et 1571 près de Vicenza, cette villa est un parfait exemple de son style.
Son design est symétrique et centralisé. Elle est construite sur un plan carré avec un portique sur chacun des quatre côtés, créant une parfaite harmonie visuelle sous tous les angles. Au centre, une grande salle circulaire surmontée d'un dôme représente l'équilibre et l'harmonie entre l'architecture et la nature environnante.

Si la Villa La Rotonda reste l'un de ses chefs-d'œuvre les plus admirés, la vision architecturale d'Andrea Palladio continue d'inspirer et d'influencer le design architectural moderne.

Infos pratiques

Ouvert les vendredis, samedis et dimanches de 10 h à 12 h / de 15 h à 18 h.
Plein tarif : 10 €
Tarif réduit : (7-14 ans) 5 €
Gratuit pour les moins de 6 ans
Visites guidées en anglais sur réservation 15 jours à l'avance au +39 351 7922118.

Non accessible aux personnes en fauteuil roulant.

Les animaux domestiques sont admis dans le jardin.

© Alain Rimondi

D'autres lieux extraordinaires :

- **Basilique de Monte Berico à Vicence :** Important sanctuaire marial et un symbole religieux pour la ville de Vicence de grande valeur.
- **Château de Thiene :** Exemple significatif d'architecture militaire médiévale avec des tours et des murailles défensives.
- **Parc régional des Colli Berici :** Paysages spectaculaires avec une variété de sentiers de randonnée, immergé dans la nature.
- **Galeries du Palazzo Leoni Montanari à Vicenza :** Musée avec une collection d'art privée comprenant des œuvres des périodes Renaissance et Baroque.

Comment se déplacer ?

En train : Trains à grande vitesse et régionaux vers Vicenza depuis les principales villes italiennes

En bus : Bus urbain n° 8 depuis la gare de Vicenza jusqu'à la Villa La Rotonda

À vélo : Parcourez la piste cyclable le long du fleuve Bacchiglione de Vicenza à Padoue, ou la Piste cyclable de la Riviera Berica : de Vicenza à Noventa Vicentina, ou explorez les Colli Berici à vélo de course.

En canoë : Excursions en kayak dans les endroits secrets et cachés de Venise et de ses îles.

FRIOUL-VÉNÉTIE JULIENNE

MUCA – MUSÉE DE LA CONSTRUCTION NAVALE

MONFALCONE – GORIZIA

Monfalcone, connue comme l'un des principaux centres de construction navale en Italie, possède une longue tradition dans la construction de grands navires de croisière. C'est ici, dans le cadre pittoresque de la « ville-jardin » de Panzano, que se trouve le Musée de la Construction Navale.

Les racines de la construction navale en Italie remontent à l'époque romaine, lorsque de puissants navires de guerre et de commerce étaient construits. Au fil des siècles, Venise s'est affirmée comme l'une des républiques maritimes les plus puissantes du monde, dominant les mers grâce à sa flotte et à ses techniques de construction avancées.

Le Musée retrace plus d'un siècle d'histoire, en utilisant un langage contemporain et les technologies multimédias les plus modernes, rendant la visite à la fois immersive et instructive. À travers des photographies historiques, des films et des témoignages, vous pourrez revivre l'atmosphère des chantiers navals, découvrir les conditions de travail des ouvriers et comprendre l'importance sociale de cette industrie pour la ville. De plus, grâce aux technologies multimédias avancées, vous aurez une expérience interactive qui vous permettra de mieux comprendre les processus de construction des navires et l'évolution de la construction navale au fil des siècles.

Le Musée de la Construction Navale de Monfalcone n'est pas seulement un lieu de mémoire historique, mais aussi un point de référence pour comprendre l'importance de la construction navale dans le présent et l'avenir de l'industrie maritime italienne. Un lieu où l'histoire, l'ingéniosité et la passion pour la construction navale se rencontrent.

Infos pratiques

Horaires spécifiques à chaque saison. Plus d'informations sur https://www.mucamonfalcone.it/

Plein tarif : 7 €
Tarif réduit : (plus de 65 ans, moins de 25 ans, étudiants) 5€.
Gratuit pour les moins de 5 ans, les personnes handicapées et les accompagnateurs.

Accessible aux personnes handicapées.

© Massimo Crivellari, proprietà Comune di Monfalcone

D'autres lieux extraordinaires :

- **Château de Gorizia :** Abrite le musée provincial de Gorizia, où les visiteurs peuvent découvrir l'histoire de la région.
- **Palazzo Coronini Cronberg :** Cet élégant palais baroque abrite une riche collection d'art, avec des peintures, des sculptures et des meubles d'époque.
- **Collio :** Région vallonnée à la frontière avec la Slovénie, célèbre pour ses vins tels que le Collio DOC et ses paysages.
- **Mémorial militaire de Redipuglia :** Le plus grand mémorial militaire d'Italie, il abrite les restes de plus de 100 000 soldats.

Comment se déplacer ?

En train : Depuis la gare de Monfalcone, le musée est accessible à pied en environ 30 minutes ou en prenant le bus (ligne LP et LINEA STORICA) au niveau du parking en face de la gare.

En bus : Le centre de Monfalcone est accessible via les lignes de transport interurbain (APT, SAF). Depuis le centre, l'autobus urbain pour le quartier de Panzano (ligne LP) et la LINEA STORICA desservent le chantier et le musée.

FRIOUL-VÉNÉTIE JULIENNE

LE BARRAGE DU VAJONT

ERTO E CASSO – PORDENONE

Le barrage du Vajont est l'un de ces lieux que l'on visite en quête de connaissance ; un lieu qui enchante et émeut à la fois. Cette grande construction, d'où s'écoule le torrent éponyme, est devenue le symbole d'une tragédie qui a marqué à jamais l'histoire de l'Italie.
Le 9 octobre 1963, un écho assourdissant atteignit en quelques heures les journaux français, et en quelques minutes balaya les maisons de la vallée en contrebas. Un grondement causé par le versant du Mont Toc, qui en s'effondrant dans les eaux du réservoir artificiel récemment créé, provoqua une vague qui franchit le barrage, submergeant les villages en contrebas et causant la mort de près de deux mille personnes.
Pourquoi alors visiter le lieu d'une telle tragédie ? Parce que la connaissance est à la base de notre évolution, tant en tant qu'individus qu'en tant que membres d'une communauté. Une communauté, celle des petits villages perchés sur les versants de la vallée, qui continue d'habiter les lieux marqués par la souffrance. Tout comme la nature qui recolonise les nouveaux espaces créés après le cataclysme. Aujourd'hui, de nombreux sentiers et parcours permettent d'atteindre les lieux les plus significatifs, tels que le cimetière de Longarone, où reposent les victimes de la tragédie, et le Monument à la Vie, une œuvre d'art qui rappelle l'immensité de la perte. Mais surtout, ils permettent de pénétrer dans les villages voisins d'Erto et Casso, où la vie refait surface, pour briser le mur invisible qui sépare les vacances de l'exploration.

Infos pratiques

Visite guidée organisée sur place de juin à septembre à partir de 10 h et d'une durée d'environ 3 h. Tous les jours le matin en août. Pendant le reste de l'été, uniquement le samedi. Tous les détails sur le site de Pordenone Turismo www.pordenoneturismo.com

Plein tarif : 15 €

© Adobe Stock – JFL Photography

D'autres lieux extraordinaires :

- **Lac Barcis :** Un joyau caché dans les montagnes, idéal pour se détendre, se baigner et pratiquer des sports nautiques.
- **Polcenigo :** Village médiéval parmi les plus beaux d'Italie, avec un château et un centre historique bien conservé.
- **Sesto al Reghena :** Une abbaye bénédictine avec un cloître roman et un musée archéologique.
- **Piazza della Repubblica à Pordenone :** C'est le cœur de la ville de Pordenone et offre une magnifique vue sur la Tour Civique caractéristique et la Loggia Communale.

Comment se déplacer ?

En train : Des trains nationaux partent des principales villes italiennes vers Belluno. Ensuite, il est nécessaire de continuer en bus.

En bus : Depuis la gare de Belluno, prendre un bus pour Calalzo jusqu'à Longarone, puis le bus P69 pour Erto et Casso.

En vélo : Pédalez le long de la piste cyclable Aida (Alta Italia pour traverser) entre Susa et Trieste.

TS

FRIOUL-VÉNÉTIE JULIENNE

PIAZZA UNIT A D'ITALIA

TRIESTE

Cachée jusqu'au dernier moment à ceux qui arrivent par la terre, la Piazza Unità d'Italia se révèle soudainement, entourée de bâtiments historiques qui témoignent de l'importance politique et culturelle de la ville. À l'inverse, s'ouvrant sur le Golfe de Trieste, cet immense espace rectangulaire accueille ceux qui arrivent par la mer comme l'une des places les plus majestueuses d'Europe, avec ses 12 280 m^2 de superficie.

La place a pris son nom actuel en 1918, après l'annexion de la ville au Royaume d'Italie. Avant cela, elle était connue sous le nom de Piazza Grande (Grande Place), un nom qui convenait bien à ses dimensions monumentales.

La Piazza Unità d'Italia est le centre de la vie publique triestine pour plusieurs raisons. D'un côté, cet immense espace est bordé par les bâtiments les plus importants de la ville : le Palazzo del Municipio, le Palazzo della Giunta regionale du Frioul-Vénétie Julienne, et la Préfecture. De l'autre côté, elle représente un lieu de rencontre pour les habitants et un symbole d'appartenance à la ville, rappelant également que Trieste a longtemps été une frontière entre plusieurs pays et un point de rencontre entre les cultures latines, slave et germanique.

L'aspect actuel de la place, fruit de la rénovation réalisée entre 2001 et 2005, célèbre ce patrimoine unique, rendant au cœur de Trieste une place qui n'est pas seulement la plus vaste, mais aussi la plus significative, où se rencontrent histoire, culture et identité européenne.

Infos pratiques

Ouvert et visite gratuite toute l'année, sauf dans le cadre d'événements spéciaux.

© Adobe Stock - Barbara Essl

D'autres lieux extraordinaires :

- **Château du Miramare :** Une magnifique résidence offrant une vue spectaculaire, abritant un musée avec les meubles d'origine et des collections d'art.
- **Grotte « Gigante » :** L'une des plus grandes grottes karstiques au monde, elle propose un voyage fascinant au cœur de la terre.
- **Duomo di San Giusto :** Caractérisée par une architecture gothique et romane, la cathédrale conserve de précieuses œuvres d'art.
- **Réserve Naturelle de la Val Rosandra :** Elle offre des paysages à couper le souffle avec des canyons, des cascades et une végétation riche.

Comment se déplacer ?

En train : Trains régionaux depuis les principales villes jusqu'à Trieste.

En bus : Service régulier assuré par Trieste Trasporti.

À vélo : Découvrez la province le long de la Via delle Leggende, entre le village de Ceroglie et le mont Ermada, ou traversez la frontière de l'État et parcourez la Parenzana en direction du sud-ouest.

À pied : Vous pouvez vous adonner au trekking en explorant les innombrables sentiers de la CAI.

DU

FRIOUL-VÉNÉTIE JULIENNE

PALMANOVA

PALMANOVA – UDINE

Les villes idéales sont un concept qui a fasciné urbanistes et architectes pendant des siècles. Elles représentent le rêve d'un environnement urbain parfait, où l'harmonie entre forme, fonction et société est maximale. Ces villes sont conçues selon des principes rationnels, avec une attention particulière à la symétrie, à la géométrie et à l'équilibre. Parmi les villes idéales les plus emblématiques, Palmanova est un symbole extraordinaire de ce concept.
Fondée en 1593 par la République de Venise, Palmanova est une ville forteresse conçue selon un plan en étoile à neuf branches. Elle a été conçue non seulement comme une fortification militaire, mais aussi comme un modèle d'organisation urbaine idéale, où chaque élément servait à défendre la communauté et à promouvoir une vie ordonnée et sécurisée. Cependant, malgré sa structure défensive complexe, Palmanova n'a jamais subi de sièges ou d'attaques significatives pendant la domination vénitienne. Ce résultat est attribuable à sa fonction dissuasive, qui décourageait les agresseurs potentiels grâce à son imposante architecture et à sa réputation de forteresse imprenable.
En 1797, avec la chute de la République de Venise, Palmanova passa sous contrôle napoléonien. Napoléon renforça encore la ville en ajoutant une troisième enceinte et l'utilisa comme bastion stratégique. En 1814, pendant les guerres napoléoniennes, la ville fut remise sans résistance aux Autrichiens, marquant son unique épisode de reddition.
Aujourd'hui, Palmanova est inscrite au patrimoine mondial de l'UNESCO, et son plan radial, avec des rues convergeant toutes vers la place centrale, continue d'émerveiller quiconque la visite.

Infos pratiques

Ouvert et visitable toute l'année gratuitement.

© Adobe Stock - xbrchx

D'autres lieux extraordinaires :

- **Château de Udine :** Une imposante forteresse médiévale offrant une vue panoramique sur la ville.
- **Palais Patriarcale de Aquileia :** Connu pour son architecture élégante et ses jardins paysagers.
- **Grotte di Villanova :** Un complexe karstique avec des stalactites et des stalagmites impressionnantes.
- **Villa Manin à Passariano di Codroipo :** Également connue comme le lieu où Napoléon Bonaparte a signé son abdication en 1797.

Comment se déplacer ?

En train : Ligne ferroviaire Udine - Cervignano del Friuli

En bus : Le service de bus ARRIVA UDINE - Autoservizi FVG (TPL FVG)

À vélo : Parcourir la piste cyclable Alpe Adria de Tarvisio à Grado en 180 km.

À pied : D'Aquileia à Monte Lussari sur le Cammino Celeste.

À cheval : Faites le tour des alpages (cabanes de berger) dans les Alpes carniques et dégustez des fromages frais.

LE CENTRE HISTORIQUE DE GÊNES

GÊNES

Le centre historique de Gênes est un véritable labyrinthe de ruelles étroites, connues sous le nom de « caruggi », qui serpentent entre d'anciens palais, des églises et des échoppes historiques. Ce cœur vibrant de la ville, niché entre le vieux port et les collines, conserve intacts les échos d'un passé glorieux, lorsque Gênes figurait parmi les Républiques maritimes les plus puissantes de la Méditerranée.

Pendant la Renaissance, Gênes vit une période de grande splendeur. Les familles nobles, enrichies par le commerce maritime, firent construire de somptueux palais décorés de fresques et de stucs le long des principales artères de la ville, comme la Via Garibaldi. Ces édifices font aujourd'hui partie du patrimoine mondial de l'UNESCO.

Au XIXe siècle, avec l'annexion de Gênes au Royaume de Sardaigne, puis au Royaume d'Italie, la ville amorça sa modernisation, s'étendant au-delà des anciennes murailles. Le centre historique devint alors plus densément peuplé, accentuant les divisions sociales, les nobles choisissant de s'installer dans de nouveaux quartiers résidentiels plus spacieux.

Au XXe siècle, après les destructions causées par les bombardements de la guerre, la reconstruction et la préservation du patrimoine furent prioritaires. Ces dernières décennies ont vu le lancement de nombreux projets de réhabilitation, visant à valoriser le tissu urbain ancien et à faire du centre historique un point de départ vivant pour de nouvelles explorations.

Infos pratiques

Ouvert et visitable toute l'année gratuitement.

© Aurore Lucas

D'autres lieux extraordinaires :

- **Boccadasse :** Un charmant village de pêcheurs avec ses maisons colorées et son port pittoresque.
- **Fort de San Giorgio :** Une forteresse historique située sur une colline offrant une vue splendide sur la ville de Gênes et la mer.
- **Aquarium de Gênes :** L'un des plus grands et importants aquariums d'Europe, abritant une vaste variété d'espèces marines.
- **Camogli :** Un village de pêcheurs enchanteur avec ses maisons colorées, sa plage de galets et la Basilique de Santa Maria Assunta.

Comment se déplacer ?

En train : Trains régionaux et intercity depuis les principales villes vers Gênes.

En bus : Service de ligne opéré par AMT Genova SPA.

À vélo : La configuration géographique limite les possibilités, mais vous pouvez essayer la piste cyclable Arenzano – Cogoleto – Varazze ou la Ciclovia dell'Ardesia.

À pied : L'Alta via dei Monti Liguri est un sentier de plusieurs jours qui permet d'admirer la région d'en haut.

LIGURIE

IM

DOLCEACQUA

DOLCEACQUA – IMPERIA

Dans la verdoyante vallée de Nervia, le torrent Tera reflète l'une des localités les plus singulières de l'arrière-pays ligure : le village de Dolceacqua. Le cours d'eau divise ici les deux zones principales du village : la Tera, le noyau historique situé sur les pentes du mont Rebuffao, et le Borgo, plus récent, qui surplombe la vallée de l'autre côté d'un pittoresque pont en arc en pierre.

Grâce au climat doux et à la luxuriance de la végétation méditerranéenne, Dolceacqua est une destination prisée des voyageurs depuis des siècles. Ce climat a également favorisé la production viticole du Rossese di Dolceacqua, un vin rouge DOC particulièrement apprécié, connu pour son goût fruité et délicat.

Les bâtiments les plus intéressants se trouvent dans la Tera, dominée par l'imposant château des Doria, la puissante famille qui a longtemps influencé l'histoire de Gênes et de sa République.

Sa configuration urbaine particulière et le charme du village ont attiré des personnages illustres, dont Claude Monet, qui en 1884 visita Dolceacqua avec Pierre-Auguste Renoir. Émerveillé par la beauté du lieu, Monet écrivit : « ... le lieu est superbe, il y a un pont qui est un bijou de légèreté... ». Cette merveille l'incita à revenir plusieurs fois et à consacrer trois tableaux au village, immortalisant pour toujours sa magie.

Infos pratiques

Ouverture :
Ouvert et accessible toute l'année gratuitement.

© Aurore Lucas

D'autres lieux extraordinaires :

- **Jardins Hanbury :** Superbes jardins botaniques situés en bord de mer, réputés pour leur variété de plantes exotiques et leur vue panoramique sur la mer.
- **Musée de l'Olive :** Un musée consacré à l'histoire et à la culture de l'olivier, situé dans un ancien moulin à huile restauré.
- **Villa Grock :** Une villa extravagante construite par le célèbre clown suisse Grock, désormais ouverte au public en tant que musée.
- **Porto Maurizio :** Le quartier le plus ancien d'Imperia, caractérisé par ses ruelles étroites, ses églises historiques et une promenade pittoresque le long de la mer.

Comment se déplacer ?

En train : La gare de Vintimille est bien desservie par les trains régionaux pour Gênes.

En bus : Service régulier assuré par Riviera Trasporti S.p.A.

À vélo : Vous pouvez emprunter la piste cyclable qui va de Dolceaqua à la promenade du front de mer de Vintimille.

À pied : Un beau parcours pédestre accessible à tous mène au Santuario dell'Addolorata.

SP

PORTO VENERE

PORTO VENERE – LA SPEZIA

Ce joyau, souvent considéré comme la « Sixième Terre » pour sa beauté et ses affinités avec les villages côtiers voisins, se trouve à quelques pas des célèbres Cinque Terre. Fondée à l'époque romaine, Portovenere s'est développée en tant que village maritime, avec ses maisons colorées reflétant dans la mer. Ces habitations, en plus de leur esthétique, avaient une fonction défensive, intégrées dans un système de fortifications comprenant des bastions côtiers et le promontoire surmonté par le Château Doria.

Les images de ce lieu enchanteur ont inspiré de nombreux poètes romantiques, dont Percy Bysshe Shelley et Lord Byron. Ce dernier a donné son nom à une encoche rocheuse surplombant la mer, connue sous le nom de Grotta di Byron, visible principalement depuis les environs de l'Église de San Pietro. Cette église, construite au XIIIe siècle sur une église paléochrétienne, se distingue par son style gothique, avec un revêtement caractéristique en bandes blanches et noires.

Portovenere est entourée de trois îles : Palmaria, Tino et Tinetto. Palmaria, la plus grande, offre des sentiers panoramiques à travers le maquis méditerranéen, des grottes maritimes et des plages. Tino, plus petite et en grande partie militaire, est accessible uniquement lors de la fête de San Venerio. Enfin, Tinetto, la plus petite et inhabitée, conserve les vestiges d'un ancien oratoire et d'un monastère, dans une atmosphère de nature préservée et de silence.

Infos pratiques

Ouvert et visitable toute l'année gratuitement.

© Aurore Lucas

D'autres lieux extraordinaires :

- **Cinque Terre :** Une série emblématique de cinq villages côtiers pittoresques, Monterosso al Mare, Vernazza, Corniglia, Manarola et Riomaggiore.
- **Lerici :** Une charmante ville côtière avec un château médiéval dominant le port, de larges plages et des ruelles captivantes remplies de boutiques et de restaurants.
- **Île Palmaria :** Une île pittoresque au large de la côte de Portovenere, offrant des sentiers de randonnée panoramiques.
- **Musée National des Transports de La Spezia :** Un musée consacré à l'histoire des transports en Italie.

Comment se déplacer ?

En train : La gare la plus proche est à La Spezia.

En bus : Prendre le bus A.T.C. ligne P/11 pour Porto Venere depuis La Spezia Centrale.

À pied : Connu sous le nom de « Alta Via delle Cinque Terre », il correspond au sentier n° 1 du CAI de La Spezia, un itinéraire pédestre reliant Portovenere à Levanto.

En bateau : Service quotidien avec La Spezia, Levanto, Lerici, Cinque Terre et l'île de Palmaria. Horaires et tarifs sur le site de Navigazione Golfo dei Poeti.

En canoë : L'un des endroits les plus évocateurs d'Italie, le parc national des Cinque Terre.

LIGURIE

RÉSERVE NATURELLE RÉGIONALE DE BERGEGGI

BERGEGGI – SAVONE

La réserve Naturelle de Bergeggi, fondée en 1985, cette réserve protège un coin de Ligurie riche en biodiversité, incluant le village de Bergeggi, sa côte et l'impressionnante Île de Bergeggi, une formation rocheuse connue pour sa beauté sauvage. Ce petit îlot, sujet de nombreuses photographies, peut être exploré à pied, en mer ou sous l'eau, offrant aux visiteurs et plongeurs une expérience inoubliable.

D'un point de vue historique, la région regorge de témoignages : sur le continent, les vestiges archéologiques du Castellaro racontent la présence des anciennes tribus ligures, tandis que l'île conserve des vestiges romains et médiévaux, comme une tour cylindrique et une tour carrée. Selon la légende, les saints Eugène et Vendemiale s'y seraient réfugiés pendant les invasions des Vandales.

La zone marine protégée autour de l'île est un véritable trésor de biodiversité, avec des herbiers de Posidonia oceanica, des algues brunes telles que la Cystoseira et des fonds marins riches en vie, des bivalves aux polychètes, jusqu'aux organismes plus complexes habitant les grottes sous-marines. Les falaises abritent des espèces endémiques de plantes méditerranéennes, tandis que les grottes marines sont peuplées de riches communautés d'éponges, de coraux et de mollusques.

La réserve est également un refuge pour le goéland royal, qui niche sur les falaises côtières, ajoutant une touche de nature sauvage au paysage. Ce lieu enchanteur est un trésor à préserver, un point de référence pour les amateurs de nature et d'histoire méditerranéenne.

Infos pratiques

Accès :
Zone à accès différencié, selon les zones de protection (A, B, C). Suivez attentivement les directives des autorités locales concernant l'accès et les règles de comportement.

© Aurore Lucas

D'autres lieux extraordinaires :

- **Varazze :** Charmante ville maritime avec une longue plage de sable doré.
- **Borgio Verezzi :** Son attraction principale est le complexe des Grottes de Borgio Verezzi, un réseau de grottes calcaires offrant des formations rocheuses spectaculaires.
- **Toirano :** Ce village pittoresque conserve un riche patrimoine historique, y compris une série de grottes préhistoriques avec des peintures rupestres datant de milliers d'années.
- **Sanctuaire « Madonna della Guardia » :** Offre une vue spectaculaire sur la Riviera Ligure. Sa chapelle baroque et son clocher sont des lieux de pèlerinage.

Comment se déplacer ?

En train : Sur la ligne Gênes-Vintimille.

En bus : Transport garanti par la société locale de transport public de la province de Savone.

À pied : Plusieurs sentiers relient Bergeggi à Spotorno, Vado Ligure, Vezzi Portio et à l'arrière-pays de Finalese.

En eau : Explorez la zone via un parcours maritime dédié à la baignade, snorkeling, kayak et SUP, appelé « Sentiero Blu di Bergeggi ». Ouvert de mai à fin septembre.

ÉMILIE-ROMAGNE

ROCCHETTA MATTEI

GRIZZANA MORANDI – BOLOGNE

En parcourant la vallée du fleuve Reno, à la confluence avec le torrent Limentra, celui qui lève les yeux remarquera un joyau enchanteur, différent dans son style architectural de toute autre construction de la région. Il se dresse parmi les hauts troncs des arbres qui couronnent la colline sur laquelle il repose. Un lieu parfait pour les amateurs d'architecture et d'histoire.

Voulue dans un style éclectique et principalement mauresque par le comte Cesare Mattei au cours du XIXe siècle, sa particularité réside dans des salles aux allures arabes avec des références marquées aux monuments les plus célèbres du sud de l'Espagne, avec des compositions architecturales qui créent des illusions constantes de formes et de matériaux.

Mattei trouva ici son lieu de recueillement, de travail et d'inspiration, y compris le processus qui, après ses nombreuses études homéopathiques, le conduisit à l'invention de l'électro-homéopathie. Cette thérapie repose sur l'association de granules médicamenteux et de liquides appelés « fluides électriques ». Elle a été la médecine alternative la plus pratiquée au monde de 1870 à environ 1930, atteignant la Chine et les États-Unis. La posologie était très complexe, avec une infinité de précautions, d'ajustements et de modifications selon la maladie à traiter, et était décrite dans les Vademecum secrets du Comte, puis distribuée à travers des dizaines de dépôts.

En ces années-là, la Rocchetta fut aussi un lieu d'accueil pour les illustres invités qui venaient se faire soigner, lui assurant ainsi une renommée mondiale. Après une longue période d'abandon, depuis 2015, la Rocchetta Mattei a rouvert ses portes pour dévoiler ses histoires et secrets aux voyageurs, aux touristes ou tout simplement aux curieux, avec des visites sur réservation.

Infos pratiques

Uniquement en visite guidée.

Plein tarif 10 €
Gratuit pour les enfants de moins de 6 ans
Réduction de 3 € avec le billet de train pour Riola
Prix réduit de 7 € au lieu de 10 € pour les détenteurs de la Carte Culturelle
Prix réduit de 5 € pour les enfants de 6 à 12 ans et les personnes handicapées

© Aurore Lucas

D'autres lieux extraordinaires :

- **Portico di San Luca :** Une œuvre extraordinaire d'ingénierie architecturale qui s'étend sur près de 4 kilomètres jusqu'à la Basilique du même nom.
- **Parc Régional de l'abbaye de Monteveglio :** Offre de splendides promenades à travers des forêts, des vignobles et d'anciens villages médiévaux.
- **Musée Ducati :** Un incontournable pour les amateurs de deux-roues, il offre un voyage à travers l'histoire de la célèbre marque de motos italienne.
- **Musée du Patrimoine Industriel :** Un regard approfondi sur le développement industriel de la région.

Comment se déplacer ?

En train : Trains locaux de la ligne Bologne - Porretta

En bus : Réseau « Tper » de la province de Bologne

À pied : Parcourir pendant plusieurs jours l'ancienne route entre Bologne et Florence, connue sous le nom de Via degli Dei (route des dieux).

À vélo : Suivre un tronçon de la Ciclovia del Sole, qui fait partie de l'Eurovelo 7. Entre Bologne et Vérone.

ÉMILIE-ROMAGNE

PARC NATUREL DU DELTA DEL PÔ

FERRARE, RAVENNE ET ROVIGO

Un parc conçu par l'eau du plus grand fleuve d'Italie : le Pô. Une oasis de biodiversité et des paysages à couper le souffle que le fleuve a modelés au fil des siècles avec le travail dévoué de l'homme, qui a essayé de vivre en harmonie avec lui.

Plus de 400 espèces animales et près de 1000 espèces végétales vivent sur ces 64 000 hectares, divisés en deux régions. Il y a de grandes étendues de forêts de plaine, comme la réserve naturelle du Gran Bosco della Mesola, surtout connue pour la présence du cerf des dunes, seul descendant du cerf noble qui peuplait à l'origine la plaine du Pô. Il y a les vallées de Comacchio, un lieu consacré depuis des siècles à la pêche à l'anguille et aujourd'hui un site stable pour la présence de flamants roses. Les centres d'accueil et les écomusées permettent d'explorer et de connaître les aspects les plus intéressants de ces lieux magiques. Il y a les zones saumâtres qui bordent la mer et le fleuve, les jeunes étendues de sable comme la Sacca di Goro, avec des roseaux et des bancs de sable. Il y a les oasis et les petites vallées, des zones de restauration environnementale, idéales pour observer les oiseaux, faire du vélo et d'autres activités de nature. Il y a des marais salants, pour découvrir les anciens systèmes de production de sel.

Le parc, déjà inscrit au patrimoine mondial de l'Unesco depuis 1998, a été déclaré réserve de biosphère MAB de l'Unesco en 2015, se délimitant comme une zone expérimentale pour la valorisation de l'écosystème et de sa biodiversité, avec des stratégies de développement durable.

Que vous soyez amateur de randonnées pédestres, équestres, cyclistes, amateur d'observation de la faune et de la flore, amateur de canoë, ce parc vous surprendra.

Infos pratiques

Accès gratuit aux principales zones du parc (avec quelques restrictions).

Entrée payante pour les écomusées et les zones de gestion privée.

Plus d'informations dans l'une des stations du parc :
- Volano - Mesola - Goro
- Tourisme dans le delta du Pô à Comacchio
- Système d'écomusée d'Argenta.

© Aurore Lucas

D'autres lieux extraordinaires :

• **Castello Estense :** Une majestueuse forteresse médiévale entourée d'un fossé d'eau.

• **Palazzo dei Diamanti :** Le palais des diamants, connu pour sa façade extérieure unique décorée de plus de 8500 blocs de marbre en forme de diamant.

• **Musée du Delta à Comacchio :** Une expérience muséale fascinante qui illustre la flore, la faune et l'histoire du delta du Pô.

• **Delizia Estense del Verginese :** Une élégante résidence de campagne entourée d'un parc luxuriant.

Comment se déplacer ?

À cheval : À l'école d'équitation de l'Hôtel Club Spiaggia Romea - Via Oasi, 2 Lido delle Nazioni.

À pied : Itinéraires sur le portail du Parc du Delta du Pô Emilia-Romagna.

À vélo : Itinéraires sur le portail « Ferrara Land and Water ».

En bateau : Organisé par « Po Delta Tourism » de Comacchio.

ÉMILIE-ROMAGNE

BIBLIOTHÈQUE MALATESTIANA

CESENA – FORLÌ-CESENA

Au XIVe siècle, l'éducation était encore le privilège d'un petit nombre, et les livres de Cesena étaient écrits lettre par lettre dans le Studium des frères du couvent de San Francesco. Ils passèrent tant de temps à les écrire qu'ils devinrent des trésors, que l'on gardait enchaînés aux bancs d'une bibliothèque aux allures d'église à trois nefs, presque comme si les livres étaient vénérés, en les priant de transmettre leur savoir au lecteur. En 1450, Malatesta Novello, seigneur de Cesena, écouta les prières des moines et construisit cette magnifique bibliothèque dans le couvent.
Pour enrichir sa bibliothèque, Malatesta créa un bureau de scribe qui produisit plus de cent vingt codex en une vingtaine d'années. Ceux-ci, ajoutés aux manuscrits qu'il commandait ou achetait, complétèrent la collection du couvent en y ajoutant des textes sur la médecine, les sciences, la littérature et la philosophie (écrits dans différentes langues, comme le grec et l'hébreu) et bien d'autres encore, jusqu'à atteindre 343 manuscrits.
Aujourd'hui, la Biblioteca Malatestiana est un joyau de l'humanisme, non seulement en tant qu'exemple d'architecture et de conservation des livres, mais aussi comme symbole du mécénat et de la culture humaniste de la Renaissance italienne.
C'est le seul exemple de bibliothèque de couvent parfaitement conservée dans son bâtiment, son mobilier et sa collection de livres. Reconnue par l'UNESCO et inscrite comme la première d'Italie au Registre Mémoire du Monde, elle représente un chef-d'œuvre du patrimoine culturel.

Infos pratiques

Horaires spécifiques à chaque saison. Plus d'informations sur https://sititematici.comune.cesena.fc.it/malatestiana

Capacité limitée. Réservation recommandée par e-mail ou par téléphone : prenotazioni@comune.cesena.fc.it / +39 0547610892

Plein tarif : 5 €
Tarif réduit : (plus de 65 ans, étudiants) 4 €

© Archivio fotografico Ufficio Turistico IAT

D'autres lieux extraordinaires :

- **Rocca di Forlimpopoli :** Cette imposante forteresse médiévale se dresse au cœur de Forlimpopoli, offrant une vue panoramique sur la ville et les collines.
- **Village de Bertinoro :** Célèbre pour ses rues étroites et pavées, ses murs anciens et ses vues panoramiques sur la campagne environnante.
- **Parc national des forêts Casentinesi, Monte Falterona et Campigna :** Offre une grande variété de paysages naturels.
- **Musée international de la céramique :** Renommé pour sa vaste collection de céramiques, allant de pièces anciennes à des œuvres contemporaines.

Comment se déplacer ?

À pied : De la gare de Cesena en 15 minutes environ. Vous pouvez également utiliser le bus n° 5 (guichet devant la gare) qui vous conduira en quelques minutes devant la bibliothèque (arrêt « Papa »).
La Via dei Gessi e dei Calanchi est un itinéraire de randonnée qui relie Bologne à Brisighella et Faenza en 7 jours.

À vélo : De nombreux parcours pour le VTT, Gravel, Road bike sur www.romagnabike.com

ÉMILIE-ROMAGNE

MO

MUSÉE DU VINAIGRE BALSAMIQUE TRADITIONNEL

SPILAMBERTO – MODÈNE

Célèbre dans le monde entier pour son unicité et son goût distinctif, le vinaigre Balsamique de Modena IGP (Indication Géographique Protégée) est le frère cadet d'une perle noire beaucoup plus rare, l'Aceto Balsamico Tradizionale di Modena DOP (Dénomination d'Origine Protégée). Ce dernier est produit uniquement en petites quantités, dans les combles des maisons de Modène, et est encore impossible à reproduire avec des procédés industriels. « L'Aceto Balsamico Tradizionale » est superbe et enivrant en bouche. Spilamberto est devenu le symbole de ce produit grâce à la présence de la Consorteria et du Musée de l'Aceto Balsamico Tradizionale. Les origines précises de ce vinaigre traditionnel restent mystérieuses, rendant difficile de déterminer avec certitude où, comment et quand il est né.

Pour découvrir ce trésor, il faut aller au-delà du simple ingrédient de base : le moût cuit. Il est recommandé de visiter une acetaia familiale pour comprendre le processus. Dans les étages supérieurs des maisons se trouvent des batteries de fûts de tailles décroissantes, souvent entre 5 et 8 barils. Il est de tradition d'offrir une batterie pour la naissance de ses enfants, permettant à l'aceto de mûrir avec le temps et de révéler ses arômes complexes. Un minimum de douze ans est nécessaire pour développer des saveurs balsamiques, et jusqu'à vingt-cinq ans pour atteindre une maturité optimale.

Le terme « Tradizionale » reflète le fait que la tradition guide la réalisation de cet « aceto » (vinaigre), perpétuée de génération en génération et étroitement liée au territoire. Visiter ce musée est ainsi un voyage culturel et gastronomique qui éveille les sens et valorise le travail des artisans préservant ces anciennes traditions.

Infos pratiques

Ouvert mardi, jeudi, vendredi, samedi, dimanche : 10 h 30-17 h 30 ; mercredi 10 h 30-13 h 30

Billet d'entrée et dégustation

Plein tarif : 10 €
Étudiants universitaires et plus de 65 ans : 9 €
Enfants de 11 à 17 ans : 7 €
Gratuit jusqu'à 10 ans

© Aurore Lucas

D'autres lieux extraordinaires :

- **La Ghirlandina à Modène :** Iconique clocher médiéval d'environ 86 mètres de haut, symbole de la ville de Modène et déclaré patrimoine mondial de l'UNESCO.

- **Le village de Castelvetro de Modène :** Charmant village médiéval situé sur les collines de Modène, connu pour ses ruelles tortueuses, sa place en damier et ses vignobles environnants.

- **Musée Universitaire d'Anatomie de Modène :** L'un des plus anciens musées d'anatomie au monde, avec une vaste collection de spécimens anatomiques, squelettes et modèles en cire.

- **Musée Ferrari à Maranello :** Destination incontournable pour les passionnés de voitures et de sport automobile, ce musée célèbre l'histoire et le prestige de la marque Ferrari.

Comment se déplacer ?

En train : Trains à grande vitesse et locaux pour Modène.

En bus : Réseau de transports « Seta » de la province de Modène.

À vélo : Parcours cyclable « Modena - Vignola », partie de l'Eurovelo 7 : la Ciclovia del Sole.

À pied : Suivez les anciens chemins de pèlerinage le long de la Via Romea Nonantolana.

ÉMILIE-ROMAGNE

MUSÉE DU PARMIGIANO REGGIANO

SORAGNA – PARME

En Italie, la nourriture est bien plus qu'un simple apport nutritionnel : c'est un rite, une célébration de la vie, un moment de partage et de convivialité. Les traditions culinaires font partie intégrante des festivités, des anniversaires et de la vie quotidienne.

Le Parmigiano Reggiano, surnommé le « Roi des fromages », est un produit d'exception dont la tradition remonte au Moyen Âge. Sa production est limitée à certaines provinces de l'Émilie-Romagne et de la Lombardie, incluant Parme, Reggio Emilia, Modène, ainsi que des parties de Bologne et Mantoue. Ce fromage à long affinage, fabriqué exclusivement à partir de lait cru de vache, de présure naturelle et de sel, est renommé dans le monde entier pour sa saveur complexe et sa polyvalence en cuisine.

La production du Parmigiano Reggiano suit un cahier des charges strict qui garantit la qualité et l'authenticité du produit. Chaque étape, de la collecte du lait à l'affinage, se fait de manière artisanale, conformément à la tradition. Ce lien avec le territoire est fondamental : les caractéristiques uniques du Parmigiano Reggiano dépendent du microclimat, de la qualité de la nourriture pour les vaches et des techniques de production anciennes.

Un patrimoine culturel que ce fromage représente doit être préservé et transmis. C'est pourquoi un musée a été créé pour le raconter. Le choix s'est porté sur une fromagerie circulaire, située dans un complexe historique comprenant une maison colonique avec une étable à voûtes en croisée d'ogives, une ancienne grange et des bâtiments rustiques, symbolisant le lien entre le présent et le passé.

Infos pratiques

Horaires spécifiques à chaque saison. Plus d'informations sur https://parmigianoreggiano.museidelcibo.it/

Plein tarif : 5 €

Tarif réduit : (plus de 65 ans) 4 € groupes

Billet de famille : 10 €

Gratuit pour les personnes handicapées, les accompagnateurs et les enfants de moins de 6 ans.

Les petits chiens peuvent entrer dans le musée en laisse.

© Luca.Rossi – Courtesy Musei del Cibo di Parma

D'autres lieux extraordinaires :

- **Château de Torrechiara :** Une imposante forteresse du XVᵉ siècle située sur une colline panoramique.
- **Théâtre Farnese à Parme :** Un chef-d'œuvre de l'architecture Renaissance, l'un des plus anciens théâtres en bois au monde.
- **Labyrinthe de la Masone à Fontanellato :** Conçu par l'éditeur Franco Maria Ricci, c'est le plus grand labyrinthe au monde, avec plus de 3 kilomètres de parcours complexes.
- **Antica Corte Pallavicina à Polesine Parmense :** Un ancien village Renaissance avec un château et un relais de luxe, réputé pour la production du Culatello di Zibello.

Comment se déplacer ?

En train : Trains intercity et régionaux depuis les principales villes italiennes vers Parme.

En bus : Bus extra-urbain de la gare de Parme à Soragna et retour, opéré par Tep S.p.A.

À vélo : Divers itinéraires sur des routes secondaires de campagne permettent de rejoindre les autres Musées de l'Alimentation, Salsomaggiore Terme et Torrechiara.

À pied : Pour des informations sur les parcours et sentiers, consulter www.parchidelducato.it.

PC

ÉMILIE-ROMAGNE

CHÂTEAU DE GROPPARELLO

GROPPARELLO – PLAISANCE

Le château de Gropparello, niché dans la mystérieuse forêt de la Val Vezzeno, ce château domine le paysage environnant depuis des siècles. Sa tour se dresse fièrement contre le ciel, évoquant une époque où histoire et légende se mêlaient. Les anciennes murailles de pierre, marquées par le temps, cachent des secrets mystérieux, tandis que le vent qui souffle entre les créneaux semble porter les voix des guerriers d'un passé lointain. Selon les légendes, le château, peut-être d'origine celtique, est situé en un lieu où la magie et la nature se rencontrent, une « barrière naturelle » comme le suggère le terme celtique « Grop ».

En plus de son histoire captivante, le château est le théâtre de nombreuses activités. Parmi celles-ci, le Parc des Contes, le premier parc émotionnel en Italie, offre aux visiteurs une expérience unique et intemporelle. Chaque dimanche de septembre, par exemple, la fête du raisin anime le parc avec la presse du raisin pour petits et grands, accompagnée d'aventures pour les enfants et d'une visite du château. En automne, des événements tels que la Grande Fête à la Cour et Halloween transforment le parc en un lieu enchanteur, peuplé de chevaliers, de faucons et d'esprits des anciennes légendes. Une expérience inoubliable qui allie la magie de l'histoire au charme des contes de fées.

Infos pratiques

Visite guidée du château de jour : 10 € - de nuit 18 €

Accès au Parc des Contes + Château :
Plein tarif : 27 €
Tarif réduit (3-12 ans) : 23 €
Gratuit (0-2 ans)

Les animaux ne sont pas admis dans le château. Service de garde de chiens disponible gratuitement sur info@collipiacentini.it

© Aurore Lucas

D'autres lieux extraordinaires :

• **Castell'Arquato :** Célèbre pour ses ruelles pavées étroites, ses tours médiévales et l'imposant Palazzo del Podestà, c'est l'un des plus beaux villages d'Italie

• **Bobbio :** Un pittoresque village médiéval situé le long des rives du fleuve Trebbia, connu pour son ancien monastère et le célèbre Pont Gobbo, un pont en pierre à dos d'âne.

• **Fresques du Pordenone à la Basilique de Santa Maria di Campagna à Piacenza :** L'une des principales attractions de cette basilique.

• **Abbaye de Chiaravalle della Colomba :** Fondée au XIIe siècle par saint Bernard de Clairvaux, cette abbaye est un joyau de l'architecture romane lombarde.

Comment se déplacer ?

En train : Trains intercity et régionaux depuis les principales gares italiennes vers Piacenza.

En bus : Il est recommandé de partir de Piacenza. Depuis la ville, trois bus partent quotidiennement de la Piazza della Stazione. La gare d'arrivée est « Gropparello – Castello ».

À pied : Explorez les jardins du château et ses forêts luxuriantes lors d'une visite guidée.

À cheval : La Grande Ippovia de l'Émilie-Romagne est un réseau de routes et de sentiers qui s'étend sur plus de 1000 kilomètres, de Plaisance à Rimini.

ÉMILIE-ROMAGNE

LE MAUSOLÉE DE GALLA PLACIDIA

RAVENNE

Le mausolée de Galla Placidia, joyau de l'art paléochrétien et monument classé au patrimoine mondial de l'UNESCO, offre bien plus qu'une simple visite : c'est un lieu qui invite au silence, à la contemplation et à une profonde connexion spirituelle. Franchir son seuil, c'est pénétrer dans un univers d'éclats de mosaïques et d'ambiances sacrées qui semblent suspendus hors du temps.

Les murs du mausolée sont ornés de tesselles d'or et de bleu profond, formant un ciel étoilé d'une beauté rare. Cet édifice modeste et intime enveloppe le visiteur dans une étreinte spirituelle, offrant un moment de sérénité et d'introspection. Chaque détail, de la croix dorée à la représentation du Bon Pasteur, raconte une histoire de foi et d'espoir qui résonne encore à travers les siècles.

Mais qui était Galla Placidia, la femme à qui ce mausolée est dédié ? Fille de l'empereur Théodose Ier et sœur d'Honorius, Galla Placidia vécut à une époque tourmentée. Figure de grande influence politique et culturelle du ve siècle, elle épousa d'abord Ataulf, roi des Wisigoths, puis le général romain Constance III, devenant ainsi impératrice. Actrice clé de la cour impériale de Ravenne, alors capitale de l'Empire romain d'Occident, elle laissa une empreinte indélébile dans l'histoire.

Mais la découverte ne s'arrête pas là : Ravenne et ses environs regorgent d'autres exemples de mosaïques byzantines exceptionnelles, qui méritent tout autant d'être explorés et admirés.

Infos pratiques

Horaires spécifiques à chaque saison. Plus d'informations sur https://www.ravennamosaici.it/

Billet unique
Plein tarif : 10,50 €
Tarif réduit : 9,50 €.

Itinéraires alternatifs pour les personnes handicapées.

Les animaux ne sont pas admis dans les monuments.

© Opera di Religione della Diocesi di Ravenna / Alfredo Dagli Orti

D'autres lieux extraordinaires :

- **Parc Archéologique de Classe :** Raconte l'histoire de Ravenne et de son territoire, depuis les origines étrusco-umbres jusqu'au Haut Moyen Âge.
- **La Salina de Cervia :** Réserve naturelle de peuplement et de nidification pour de nombreuses espèces animales et végétales.
- **Mirabilandia :** Parc d'attractions idéal pour les familles et les amateurs d'aventure.
- **Basilica di Sant'Apollinare in Classe :** Une imposante église paléochrétienne célèbre pour ses magnifiques mosaïques, qui représentent des scènes religieuses et symboliques.

Comment se déplacer ?

En train : Trains régionaux depuis les principales villes voisines jusqu'à Ravenne.

En bus : Transport public assuré par la société Start Romagna S.p.A.

À vélo : De nombreux itinéraires pour VTT, Gravel, et route disponibles sur www.romagnabike.com.

En canoë : Le fleuve Savio et l'embouchure du Bevano constituent l'un des scénarios naturels les plus fascinants du parc du delta du Pô.

ÉMILIE-ROMAGNE

THÉÂTRE VALLI
REGGIO EMILIA

Le théâtre Municipale Valli est le cœur battant d'une tradition qui rend « Reggio Emilia » exclusif dans le paysage culturel italien. Niché sur une place pittoresque au cœur de la ville, ce théâtre, aux côtés de ses illustres voisins tels que Ariosto et la Cavallerizza, compose un ensemble unique en son genre en Italie. Chaque théâtre est un bijou architectural avec sa propre identité artistique, et ensemble ils représentent une institution culturelle d'une valeur exceptionnelle.

Inauguré en 1857, le Teatro Valli est un exemple parfait de théâtre à l'italienne, mais avec des influences uniques qui le distinguent au niveau national. Conçu par l'architecte Cesare Costa, il s'inspire de l'imposant Grand Théâtre de Bordeaux, et se présente avec une façade monumentale ornée de douze colonnes doriennes monolithiques et de vingt statues célébrant les arts et l'éducation.

L'intérieur du théâtre est tout aussi magnifique. Du vestibule élégant, on accède à un atrium richement décoré, avant de parvenir à la salle principale, un véritable chef-d'œuvre décoratif en blanc et or, résultat du travail du grand scénographe Girolamo Magnani et d'une équipe d'artistes locaux.

Un autre aspect fascinant est la machinerie scénique extraordinaire, l'une des plus avancées et imposantes d'Italie. Les machines pour les effets spéciaux historiques, comme celles pour le bruit de la pluie ou du tonnerre, témoignent de l'attention aux détails et de la passion pour l'illusionnisme scénique qui ont toujours caractérisé ce théâtre.

Avec une programmation allant de l'opéra au ballet, du théâtre dramatique aux concerts, ce théâtre continue aujourd'hui à être un point de référence pour la culture de la ville.

Infos pratiques

L'accès au théâtre se fait par la participation à un spectacle programmé ou en prenant part à une visite guidée des espaces généralement réservés au public.

Pour obtenir des informations détaillées sur les dates et horaires, veuillez consulter le site http://www.iteatri.re.it/visita-i-teatri/.

© Teatro Municipale Valli_©Studio PDP

D'autres lieux extraordinaires :

• **Château de Canossa :** Une imposante forteresse médiévale avec une histoire riche en événements légendaires liés à Mathilde de Canossa.

• **Oasis WWF de Marmirolo :** Cette zone d'environ 10 hectares est un lieu de repos, de nidification et de reproduction pour une grande variété d'oiseaux.

• **Galleria Parmeggiani :** Cette galerie d'art abrite une précieuse collection d'œuvres d'art du XIVe au XXe siècle.

• **Pietra di Bismantova :** Une imposante formation rocheuse qui s'élève à plus de 200 mètres au-dessus de la plaine environnante.

Comment se déplacer ?

En train : Des trains à grande vitesse, Intercity et régionaux relient les principales villes à Reggio Emilia.

En bus : Le transport public est assuré par la société SETA S.p.A.

À pied : Le sentier des « Ducati » est un parcours extraordinaire, qui va de la plaine à la mer, en passant par certains des massifs montagneux les plus imposants des Apennins toscan et émilien jusqu'aux Alpes Apuanes.

ÉMILIE-ROMAGNE

LE PONT D'AUGUSTE ET DE TIBERIO

RIMINI

À Rimini, nous plongeons dans le passé, à une époque où les grandes œuvres publiques étaient uniquement romaines. Commencé en 14 apr. J.-C. sous l'empereur Auguste et achevé en 21 sous Tibère, le Pont d'Auguste et de Tibère possède une histoire fascinante et complexe qui dépasse largement son rôle fonctionnel. Il est un véritable symbole de continuité historique et architecturale.

L'un des aspects les plus remarquables du pont est sa résistance exceptionnelle à l'épreuve du temps : malgré les tremblements de terre, les guerres et même des tentatives de démolition pendant la Seconde Guerre mondiale, il est resté debout, témoignant de la solidité de l'ingénierie romaine.

Sa structure a été conçue avec une grande finesse technique : les arcs ne sont pas seulement esthétiquement plaisants, mais ils ont été construits de manière à résister aux puissants courants du fleuve Marecchia.

Au-delà de son rôle fonctionnel, le Pont de Tibère revêt une forte signification symbolique pour la ville de Rimini. Il marquait le début de la Via Emilia, l'une des principales voies romaines reliant la ville à Plaisance et au reste du nord de l'Italie. Par ailleurs, grâce à la Via Popilia, la ville était connectée au sud de l'Italie, faisant du pont un carrefour de commerces et d'échanges culturels.

Aujourd'hui, le Pont de Tibère fait partie d'un projet de valorisation urbaine avec la création de la « Piazza sull'Acqua », un lieu alliant histoire et modernité, où résidents et touristes peuvent profiter d'un espace vert et panoramique, célébrant l'importance historique du pont et de la ville de Rimini.

Infos pratiques

Le site est ouvert et accessible toute l'année, gratuitement.

© Aurore Lucas

D'autres lieux extraordinaires :

• **Temple Malatestiano à Rimini :** L'un des chefs-d'œuvre de l'architecte de la Renaissance Leon Battista Alberti.

• **San Leo :** Située sur un imposant promontoire rocheux, la forteresse de San Leo domine le paysage environnant par sa présence majestueuse.

• **Le Fellini museum :** Un musée diffus qui accueille et promeut l'ampleur de l'œuvre de Fellini, dans un dialogue constant entre diverses formes artistiques.

• **Les Moulins de la Vallée du Marecchia :** Une caractéristique du territoire représentée par les moulins hydrauliques, organisés dans le « Musée diffus de Poggio Torriana ».

Comment se déplacer ?

En train : Des trains régionaux relient les principales villes voisines à Rimini.

En bus : Le transport public est assuré par la société Start Romagna S.p.A.

À vélo : De nombreux itinéraires pour VTT, Gravel et vélo de route sont disponibles sur http://www.romagnabike.com.

: à pied

: à vélo

: en canoë

: à cheval

: en bus

: en train

: en bateau

CENTRE DE L'ITALIE

Le cœur de l'Italie centrale est une terre fascinante, empreinte d'histoire et de paysages à couper le souffle, mais aussi marquée par les profondes cicatrices laissées par des événements sismiques dévastateurs. Le séisme de l'Aquila en 2009 a été un drame qui a secoué non seulement la ville, mais toute la nation. Des années plus tard, en 2016, de nouveaux tremblements de terre ont frappé la région entre le Lazio, les Marches et l'Ombrie, dévastant des villages historiques comme Amatrice et Norcia.

Aujourd'hui, en visitant ces zones, on découvre une réalité en équilibre entre le passé et la renaissance. Les traces du séisme sont encore visibles : des bâtiments en reconstruction, des espaces vides où se dressaient autrefois des maisons et des églises séculaires. Mais à côté de cette souffrance, on voit émerger la détermination de communautés résilientes, engagées dans la préservation de leurs racines et traditions.

Ainsi, la visite de ces lieux prend une signification encore plus profonde. En flânant dans les ruelles reconstruites ou en savourant les saveurs authentiques dans les commerces récemment ouverts, on devient partie intégrante d'une histoire plus grande : celle d'une Italie qui ne se résigne pas et qui redécouvre sa force et son identité.

AR

TOSCANE

SANCTUAIRE DE SANTA MARIA DELLE GRAZIE

CHIUSI DELLA VERNA – AREZZO

On pénètre en silence, presque craintif de briser la tranquillité de ses pas, dans cette oasis de beauté spirituelle au pied du Monte Penna, en Toscane. Fondé en 1213 par Saint François d'Assise, cet ermitage est non seulement l'un des sanctuaires franciscains les plus importants, mais aussi un véritable trésor d'art et d'histoire.

L'une des caractéristiques les plus fascinantes est la Chapelle des Stigmates, construite à l'endroit précis où Saint François reçut les stigmates en 1224, un événement mystique qui marqua profondément la vie du saint et la tradition franciscaine. À l'intérieur du sanctuaire, des fresques et des œuvres d'art de maîtres de la Renaissance, comme Andrea della Robbia, ornent les murs, sa céramique émaillée illuminant les espaces d'une délicatesse vibrante.

Une légende particulière entoure le Monte La Verna. On raconte que, à la recherche d'un lieu de méditation et de prière, Saint François fut guidé par un faucon, qui l'accompagna jusqu'au sommet du mont. Aujourd'hui encore, la figure du faucon est un symbole de protection pour les pèlerins.

Un autre aspect unique du sanctuaire est le «Sasso Spicco», un énorme rocher apparemment suspendu dans le vide, sous lequel Saint François avait l'habitude de prier. L'atmosphère qui règne sur ce lieu, empreinte de silence et de recueillement, fait de « La Verna » une destination incontournable pour ceux qui cherchent non seulement la beauté de la nature, mais aussi une expérience de paix et de méditation.

Infos pratiques

Ouvert à la visite tous les jours de 6 h 30 à 21 h 30, chapelle des Stigmates de 8 h à 19 h d'avril à octobre, de 8 h à 17 h de novembre à mars.

Accès gratuit

© Javier Lardone

D'autres lieux extraordinaires :

- **Basilique de San Francesco à Arezzo :** Célèbre pour les fresques du cycle de Piero della Francesca représentant la « Fresque de la Légende de la Vraie Croix ».
- **Le centre historique de Cortona :** Offre une atmosphère fascinante avec ses rues médiévales, ses places pittoresques et la campagne toscane.
- **Bourg de Anghiari :** Célèbre pour ses rues pavées, ses places pittoresques et ses anciens murs. Connu pour son histoire liée à la bataille d'Anghiari.
- **Le Château des « Conti Guidi di Poppi » :** L'un des châteaux médiévaux les mieux conservés de Toscane.

Comment se déplacer ?

En train : Depuis Arezzo, prenez la ligne ferroviaire privée Arezzo-Pratovecchio-Stia jusqu'à la station de Bibbiena, puis continuez en bus jusqu'à Chiusi della Verna.
Depuis Florence, prenez un bus jusqu'à Bibbiena, puis changez de bus pour Chiusi della Verna.

À pied : Des crêtes panoramiques, des forêts millénaires et des anciennes voies de muletiers vous attendent sur les sentiers du Parc National des Forêts Casentinesi, Monte Falterona et Campigna. Plus d'informations sur http://www.parcoforestecasentinesi.it.

TOSCANE

ZONE ARCHÉOLOGIQUE DE FIESOLE

FIESOLE – FLORENCE

L'Area Archeologica di Fiesole est l'une des plus précieuses témoins du passé étrusque et romain en Toscane. Située sur une colline surplombant Florence, Fiesole a été fondée par les Étrusques au IVe siècle av. J.-C. et est rapidement devenue un centre politique et commercial majeur. Les Étrusques, un peuple mystérieux et raffiné, dominaient une grande partie de l'Italie centrale avant l'ascension de Rome. Habiles artisans, commerçants et ingénieurs, ils ont laissé une empreinte durable dans la culture romaine, notamment dans l'architecture et les rituels religieux.

Fiesole conserva son indépendance jusqu'à sa conquête par les Romains en 225 av. J.-C., devenant ainsi une colonie stratégique pour le contrôle des routes commerciales. C'est cette superposition entre les cultures étrusque et romaine qui rend le site archéologique particulièrement intéressant. Parmi les ruines, on peut observer les traces des deux civilisations : le théâtre romain parfaitement conservé, les thermes et le temple étrusco-romain, qui témoignent de l'interaction entre ces deux grandes cultures.

L'une des curiosités les plus fascinantes est l'agencement du théâtre, construit avec une telle précision qu'il offre encore aujourd'hui une acoustique parfaite, utilisée pour des spectacles estivaux sous les étoiles. De plus, les vestiges des anciens thermes romains offrent un aperçu de la vie quotidienne des habitants de Fiesole, tandis que les restes du temple, probablement dédié à Minerve, rappellent la sacralité de l'époque étrusque.

Un lieu où l'histoire de deux peuples se tisse de manière fascinante et surprenante.

Infos pratiques

Horaires d'ouverture :
Hiver : de 10 h à 15 h, fermé le mardi
Printemps et automne : de 10 h à 18 h, ouvert tous les jours
Été : de 9 h à 19 h, ouvert tous les jours

Tarifs :
Entrée plein tarif : 7 €
Tarif réduit : 5 €
Des billets combinés pour d'autres musées de Fiesole sont disponibles.

© Aurore Lucas

D'autres lieux extraordinaires :

- **Galleria degli Uffizi :** L'une des galeries d'art les plus importantes au monde, la Galerie des Offices est renommée pour sa collection exceptionnelle d'œuvres d'art de la Renaissance.
- **Jardin botanique de la Fattoria di Maiano :** C'est une destination incontournable pour une escapade ou un séjour en pleine nature.
- **Ancien Setificio Fiorentino :** Les visiteurs peuvent découvrir le charme du processus de tissage traditionnel et admirer les précieux tissus de soie.
- **Jardin de Boboli :** L'un des plus grands et des plus célèbres jardins à l'italienne d'Europe.

Comment se déplacer ?

En bus :
Prenez le bus n°7. Plus d'informations sur les itinéraires, tarifs et horaires sur http://www.at-bus.it).
Descendez à l'arrêt « Fiesole, Piazza Mino » (terminus), traversez la rue et dirigez-vous vers via Dupré (derrière la cathédrale de San Romolo). L'entrée et la billetterie des musées de Fiesole se trouvent à l'intersection entre via Giovanni Dupré et via Portigiani.

LES THERMES DE SATURNIA

MANCIANO – GROSSETO

La légende raconte que les thermes sont nés lorsque Jupiter, furieux contre Saturne, lança un éclair qui frappa la terre, ouvrant une blessure d'où jaillirent des eaux chaudes sulfureuses. Ce mythe reflète le caractère mystique et fascinant des thermes, depuis toujours considérés comme un lieu de renaissance et de régénération.

Les eaux thermales de Saturnia, jaillissant à une température constante de 37,5 °C, sont réputées depuis l'époque étrusque et romaine pour leurs propriétés bienfaisantes. Les anciens Romains, grands adeptes des bains thermaux, y avaient construit un complexe dédié au bien-être, utilisant ces eaux pour soigner à la fois le corps et l'esprit. Les thermes devinrent ainsi non seulement un lieu de soins, mais aussi un espace de rencontre sociale et culturelle.

Une particularité intéressante réside dans la composition chimique des eaux : riches en soufre, bicarbonate et sulfates, elles sont connues pour leurs capacités à régénérer la peau, apaiser les douleurs articulaires et améliorer la circulation sanguine. Un véritable élixir naturel qui continue d'attirer des visiteurs du monde entier.

La Cascade du Moulin, avec ses bassins naturels formés par le flux continu de l'eau, est l'une des attractions les plus pittoresques. Dans ce décor de carte postale, on peut s'y baigner librement toute l'année, en se sentant un peu romain et profondément régénéré.

Infos pratiques

Accès libre et gratuit toute l'année.

© Aurore Lucas

D'autres lieux extraordinaires :

- **Parc Naturel de la Maremme :** Également connu sous le nom de Parc de l'Uccellina, il offre des paysages époustouflants avec dunes de sable, forêts luxuriantes et zones humides.
- **Le Jardin des « Tarocchi » :** Créé par l'artiste franco-américaine Niki de Saint Phalle, ce jardin présente des sculptures monumentales inspirées des cartes de tarot.
- **Pitigliano :** Village médiéval creusé dans le tuf, surnommé la « petite Jérusalem ».
- **Parc archéologique de Roselle :** Abritant les vestiges de l'ancienne ville étrusque et romaine de Roselle, il constitue un voyage dans le temps fascinant.

Comment se déplacer ?

En train : Arrivée possible à Grosseto, Albinia ou Montalto di Castro, mais le reste du trajet doit se faire en véhicule personnel ou en autobus.

En bus : Depuis la Toscane, utilisez la ligne de bus Tiemme ; depuis le Latium, optez pour Cotral.

À vélo : Suivre la piste cyclable Fano Grosseto à travers les Apennins.

À cheval : Dans le parc régional de la Maremme se trouve la « Via dei Cavalleggeri », que l'on peut parcourir à cheval.

TOSCANE

CASTELLO DEL BOCCALE

LIVOURNE

Perché sur les falaises évocatrices de la côte livournaise, c'est l'un des lieux les plus emblématiques et mystérieux du littoral toscan. Le Château du Boccale se trouve sur la Strada del Romito, un bâtiment imposant qui semble tout droit sorti d'un conte de fées, suspendu entre terre et mer, avec sa tour qui surveille la mer Tyrrhénienne depuis des siècles.
Le château a des origines médiévales, construit à l'origine comme tour de guet pour défendre la côte des incursions des pirates sarrasins. Avec le temps, sa fonction militaire a évolué, devenant une résidence privée au XIXe siècle, lorsqu'il fut rénové dans un style néo-médiéval pour servir de demeure noble.
L'un des aspects qui rendent le château si fascinant est son lien avec l'histoire maritime de la région. On raconte que les vagues qui s'écrasent contre la falaise gardent les secrets de naufrages anciens, et que lors des nuits de tempête, on peut entendre les lamentations des marins perdus, transformant le château en un lieu de suggestion et de mystère.
Le panorama qu'offre le Château du Boccale est à couper le souffle : le regard s'étend vers l'infini, embrassant la mer ouverte et les falaises sauvages. Il est facile d'imaginer comment ce lieu, au fil des siècles, a pu inspirer des artistes, des poètes et des écrivains.
Aujourd'hui, bien qu'il s'agisse d'une propriété privée et ne soit pas accessible à l'intérieur, le château continue de dominer la côte, offrant à ceux qui l'observent une atmosphère d'un autre temps. Parfait pour une promenade romantique au coucher du soleil ou pour un plongeon dans la Cala dei Pirati voisine.

Infos pratiques

Visite :
Accessible toute l'année, uniquement de l'extérieur et librement.

© Aurore Lucas

D'autres lieux extraordinaires :

- **Plages de la Costa degli Etruschi :** Réputées pour leur sable doré, leurs eaux cristallines et leurs paysages naturels à couper le souffle.
- **Île d'Elbe :** Une île paradisiaque avec des criques cachées, des eaux cristallines et des villages caractéristiques comme Portoferraio et Capoliveri.
- **Ancienne Forteresse Vecchia :** Une forteresse historique construite au XVIe siècle pour défendre la ville de Livourne contre les pirates et les envahisseurs.
- **Sanctuaire de Montenero :** Un lieu de pèlerinage marial important et un repère spirituel pour la région.

Comment se déplacer ?

En train : Depuis la gare de Campiglia Marittima, continuer jusqu'à Castiglioncello, puis rejoindre le site en bus.

En bus : Depuis Livourne, emprunter la ligne 102 jusqu'à l'arrêt Castello del Boccale.

En bateau : Profitez-en pour explorer la proche île d'Elbe, avec des départs quotidiens depuis le port de Livourne.

À pied : Parcourir le Chemin de San Jacopo entre Florence et Livourne.

À cheval : Découvrez les grottes, les criques et les baies les plus cachées de l'île d'Elbe.

LE MURA DI LUCCA

LUCQUES « LUCCA »

Construites pour défendre la ville libre, l'une des capitales du commerce de la soie, contre les attaques extérieures, « le Mura di Lucca », les murailles de Lucques, furent un ouvrage colossal nécessitant cent cinquante années de travail et impliquant toute la population.
Modernisées pour résister à la poudre à canon, les murailles, longues de plus de quatre kilomètres, présentent dix bastions en forme de « pique », des fortifications indépendantes et isolées conçues pour se protéger mutuellement grâce à des canons positionnés en série. Ce système ingénieux permettait de tirer avec un canon pendant que l'autre était rechargé, coordonnant les tirs grâce au rythme des tambours.
Malgré leur imposance, les murailles ne furent jamais utilisées pour défendre la ville contre un véritable siège. Cependant, en 1812, elles se révélèrent providentielles, sauvant Lucques d'un débordement catastrophique du fleuve Serchio.
Avec le temps, les murailles perdirent leur fonction défensive et, sous le règne de Maria Luisa de Bourbon, elles s'ouvrirent progressivement à la population. Après la Seconde Guerre mondiale, une route à grande circulation fut construite sur leur sommet, mais un projet de réhabilitation efficace dans les années 1990 les transforma en une magnifique ceinture verte. Aujourd'hui, les murailles de Lucques sont une oasis de paix et de beauté, idéales pour des promenades à pied ou à vélo, offrant un parcours enchanteur qui entoure le cœur historique de l'une des villes les plus fascinantes de Toscane.

Infos pratiques

Accès libre et gratuit, sans horaires ni billet d'entrée.

© Aurore Lucas

D'autres lieux extraordinaires :

- **Grotte du Vent :** Située dans le Parc regional des Alpes Apuanes, c'est l'une des plus grandes et spectaculaires grottes karstiques d'Italie.
- **Musée National de Villa Guinigi :** Abrite une riche collection d'œuvres d'art, sculptures, meubles et artefacts historiques liés à l'histoire et à la culture de la ville.
- **Bourg de Montecarlo :** Ce charmant village médiéval situé sur les collines lucquoises offre une vue panoramique époustouflante sur la vallée en contrebas.
- **Pont du Diable :** Bourg de Mozzano, situé à quelques kilomètres au nord du centre historique de Lucques, il est l'un des monuments les plus emblématiques de la région.

Comment se déplacer ?

En train : Trains régionaux depuis Florence et d'autres villes vers Lucques.

En bus : Service de ligne géré par Autolinee Toscane S.p.A. - at-bus.it

À vélo : Explorez la piste cyclable du Serchio.

À pied : Marcher sur la Via Francigena, de Canterbury à Rome, en suivant le chemin des pèlerins.

TOSCANE

LES CARRIÈRES DE MARBRE DE CARRARE

CARRARE – MASSE-CARRARE

Les carrières de marbre de Carrara, nichées dans les Alpes apuanes, sont un spectacle alliant beauté naturelle et génie humain, fascinant depuis plus de deux mille ans. C'est ici que l'on extrait le célèbre marbre blanc, probablement le plus renommé au monde, qui a donné naissance à des chefs-d'œuvre intemporels.

L'exploitation des carrières remonte à l'époque romaine. Fait intéressant, on raconte que le marbre de Carrara était choisi non seulement pour sa pureté, mais aussi pour son symbolisme : le blanc immaculé était associé à la divinité et à la perfection.

Une particularité de ces carrières réside dans les méthodes d'extraction, autrefois extrêmement risquées et largement manuelles. Les ouvriers utilisaient des coins en bois humidifiés qui, en se dilatant, créaient des fractures précises dans le marbre, permettant de détacher d'imposants blocs. Aujourd'hui, bien que la technologie ait amélioré la sécurité et l'efficacité, visiter ces carrières reste une expérience impressionnante, révélant une maîtrise ancestrale.

Les carrières elles-mêmes ressemblent à des « cathédrales naturelles » : des paysages lunaires où le blanc éclatant du marbre se mêle au bleu intense du ciel. Ce contraste crée une atmosphère presque irréelle, qui a inspiré artistes et poètes au fil des siècles. À noter que le marbre de Carrara a été exporté dans le monde entier, embellissant des lieux emblématiques comme le Palais de Versailles ou le Lincoln Memorial à Washington. Pourtant, il demeure profondément enraciné dans la culture et l'identité locale.

Une autre anecdote ? Michel-Ange, lorsqu'il choisissait personnellement les blocs de marbre pour ses œuvres, passait des semaines dans les carrières à chercher la « pierre parfaite », témoignant du lien presque spirituel entre l'artiste et sa matière première.

Infos pratiques

Il est possible de visiter les carrières de marbre en autonomie, mais cela peut être compliqué en utilisant les transports publics. Il est donc préférable de se tourner vers l'un des nombreux tours organisés, qui proposent différentes expériences : visites guidées en jeep, cours de sculpture créative, apéritif dans les carrières au coucher du soleil ou encore trekking.

© Adobe Stock - Tatiana

D'autres lieux extraordinaires :

- **Le village de Colonnata :** Célèbre pour la production du lardo di Colonnata, un délicieux salé maturé dans des bassins en marbre.
- **Apuane :** Massif montagneux de marbre blanc, idéal pour la randonnée, l'escalade et les promenades dans la nature.
- **Le centre historique de Massa :** Avec ses ruelles étroites, ses places pittoresques et ses anciens palais, c'est un lieu charmant à explorer à pied.
- **Le village de Fosdinovo :** Situé sur une colline panoramique, ce village médiéval est dominé par le majestueux Château Malaspina, datant du XIIe siècle.

Comment se déplacer ?

En train : Trains régionaux depuis les principales villes italiennes jusqu'à Carrara-Avenza.

En bus : Ligne L71 jusqu'à Carrara Ospedale, puis ligne L50 pour Colonnata.

À vélo : Parcourez la Via Francigena, de Canterbury à Rome, en suivant la route des pèlerins.

À pied : La Via Vandelli est une ancienne voie de communication qui traversait les Apennins, aujourd'hui transformée en sentier de randonnée.

PI

TOSCANE

LA TOUR DE PISE

PISE

S'élevant fièrement et inclinée, la Tour de Pise, symbole incontesté de la ville toscane, est un chef-d'œuvre né d'un défaut. Érigée au XIIe siècle par la République de Pise, à l'époque de richesse et de pouvoir, la tour devait être le clocher de la cathédrale, démontrant ainsi la grandeur de la ville.
Mais le destin en a décidé autrement. Une partie du terrain sur lequel reposait la tour a cédé presque immédiatement, débutant sa fameuse inclinaison. Un défaut qui, loin de la condamner, l'a rendue célèbre dans le monde entier.
À l'intérieur, un escalier de 294 marches en marbre guide vers le sommet, conçu pour être emprunté par la noblesse de l'époque, ainsi que par des voyageurs renommés, des hommes d'Église et d'autres personnalités. Mais ce que l'on remarque le plus dans les décorations sont probablement les nombreuses colonnes qui soutiennent le poids des grands anneaux, comme pour couronner chaque niveau.
Ce bâtiment est passé sous le regard de deux talents nés dans la ville : Galileo Galilei, père de la science moderne, et Leonardo Fibonacci, le mathématicien qui a fait connaître au monde la suite de Fibonacci, présente dans la nature et dans l'art.
Dans la même Piazza dei Miracoli où se dresse la tour, d'autres trésors se montrent au monde. Ils résument en trois majestueux édifices les étapes de la vie humaine : le baptistère, la cathédrale, le cimetière.
La Tour de Pise est une invitation à ne pas avoir peur d'être différent, à ne pas se conformer aux attentes. C'est un hymne à la beauté imparfaite, à la résilience et à la force de l'esprit humain. Un symbole qui nous rappelle que même d'un défaut peut naître quelque chose d'extraordinaire.

Infos pratiques

Ouvert tous les jours.
Réservation obligatoire.
Plein tarif (6 monuments) + Tour : 27 €
Cathédrale + Tour + Exposition : 20 €
Plein tarif (6 monuments) : 11 €
Monument unique (hors tour) : 8 €
Accessible gratuitement aux personnes handicapées dans tous les musées et monuments sur réservation à accessibility@opapisa.it au moins cinq jours à l'avance.

© Adobe Stock - hungry_herbivore

D'autres lieux extraordinaires :

- **Village de Volterra :** Un charmant village médiéval célèbre pour ses murs étrusques, son théâtre romain bien conservé et son atmosphère riche en histoire.
- **Réserve Naturelle de San Rossore :** Située le long de la côte toscane près de Pise, caractérisée par des dunes de sable, des pinèdes et des zones humides.
- **Palazzo Blu :** Dans le centre historique de Pise, c'est un musée d'art qui accueille des expositions temporaires d'art moderne et contemporain.
- **Certosa di Calci :** À quelques kilomètres de Pise, c'est un monastère chartreux du XIVe siècle qui abrite un musée d'histoire naturelle.

Comment se déplacer ?

En train : Trains régionaux et locaux des principales villes italiennes vers Pise.

En bus :
- Depuis l'arrêt Stazione 1 avec la Ligne 1+ (direction Park Pietrasantina) toutes les 10 minutes jusqu'à l'arrêt Torre 1.
- Depuis l'arrêt Stazione 8 avec la Ligne 4 toutes les 20 minutes jusqu'à l'arrêt Del Parlascio.
- Depuis l'arrêt Stazione 5 avec la Ligne 21 (nocturne) toutes les 30 minutes jusqu'à l'arrêt Torre 1.
- Depuis la gare routière de Sesta Porta, via Battisti, avec les bus des lignes 60-70-80-120-130 arrêt Torre 1.

TOSCANE

PISTOIA SOTTERRANEA

PISTOIA

Parfois, pour comprendre pleinement l'histoire d'une ville, il faut creuser profondément, sous les décombres ou les cendres volcaniques. D'autres fois, le livre des souvenirs est dissimulé juste sous la surface des rues que nous foulons quotidiennement, distraitement. C'est le cas de Pistoia, une histoire de redécouverte et de mise en valeur née du sous-sol. Pistoia Souterraine est en effet un projet lancé en 1987 grâce au travail de nombreux volontaires, avec le soutien de la commune et de la région Toscane.
Ce projet a conduit à la mise au jour d'un vaste itinéraire souterrain documentant des siècles d'histoire urbaine. Situé sous la partie nord-est de la ville, il suit l'ancien cours du torrent Brana, modifié au XIIe siècle lors de la construction de la seconde enceinte murale de Pistoia, puis intégré aux structures de l'hôpital del Ceppo et à d'autres édifices civiques.
Le parcours souterrain s'étend sur 900 mètres, ce qui en fait le plus long de Toscane. Au fil de la visite, les visiteurs peuvent observer les différentes phases historiques de la ville : la construction de l'hôpital del Ceppo, la déviation du torrent et son utilisation au fil des siècles à des fins sanitaires et productives. Le torrent, initialement utilisé comme fossé défensif, devint par la suite une ressource hydrique essentielle pour les hôpitaux, les moulins et d'autres activités.
Un exemple d'évolution et de stratification urbanistique qui caractérise de nombreuses villes, mais qui, ici, est rarement aussi accessible, suscitant émerveillement et stupéfaction.

Infos pratiques

Accès autorisé uniquement avec une visite guidée d'environ 1 h.

Ouvert tous les jours en août.

Réservations tél. 0573/368023

Plein tarif : 15 €
Tarif réduit : 12 €

Accessible aux personnes à mobilité réduite.

© pistoiasotterranea _ Photo Lux

D'autres lieux extraordinaires :

- **Sanctuaire de la Madonna dell'Umiltà :** Situé à Pistoia, ce sanctuaire est l'un des lieux de culte les plus importants de la région.
- **Parc national de l'Apennins Tosco-Emiliano :** Une zone protégée avec des forêts, des pâturages et une faune riche.
- **Montecatini Terme :** Station thermale renommée pour ses eaux curatives et ses infrastructures luxueuses.
- **Écomusée de la Montagne Pistoiese :** Musée en plein air qui valorise le patrimoine et les traditions locales à travers des itinéraires.

Comment se déplacer ?

En train : Trains régionaux et interurbains depuis les principales villes italiennes jusqu'à Pistoia.

En bus : Service de transport géré par Autolinee Toscane S.p.A.

À vélo : Itinéraires faciles de la Piazza del Duomo vers les villages et les oliveraies des collines. Informations sur www. visittuscany.com

À pied : Le Chemin de Saint-Barthélemy est un sentier qui relie les lieux dédiés au culte du saint entre l'Émilie et la Toscane : Fiumalbo, Cutigliano, Spedaletto et Pistoia.

TOSCANE

DUOMO DE PRATO
PRATO

Dominant la grande Piazza del Duomo à Prato, se dresse ce chef-d'œuvre architectural romanico-gothique, reconnaissable à sa façade caractéristique en pierre alberese claire et en marbre vert serpentin de Prato.
La cathédrale de Santo Stefano, construite entre 1385 et 1457, est l'un des meilleurs exemples de l'architecture toscane de cette époque. Mais ici, un détail unique attire l'attention : un pulpit extérieur, autrefois utilisé pour l'Ostension de la Ceinture Sacrée de la Vierge, une précieuse relique conservée dans la chapelle homonyme. Cet événement, témoin de siècles de tradition, est encore solennellement célébré chaque année le 8 septembre, lors du Cortège Historique.
Datant du XIIIe siècle, cette tradition rassemblait autrefois les autorités républicaines de Prato et des ambassades venues de toute la Toscane. La ville s'animait alors de musique, de défilés et de cérémonies religieuses, culminant avec l'ostension solennelle de la relique mariale depuis la cathédrale. Aujourd'hui encore, le cortège parcourt les rues anciennes de Prato dans une explosion de costumes historiques, de sons et de couleurs, ramenant la ville dans le passé tout en célébrant son identité et son lien spirituel avec la Vierge.
Le second trésor de la cathédrale se trouve à l'intérieur. Il s'agit du majestueux cycle de fresques de la Chapelle Majeure, réalisé par Filippo Lippi entre 1452 et 1465. Les scènes des Histoires de Santo Stefano et des Histoires de Saint Jean-Baptiste s'entrelacent dans un jeu de reflets, témoignant du génie du maître de la Renaissance.

Infos pratiques

L'entrée est gratuite. La visite de la chapelle des fresques de Lippi est incluse dans le billet du Museo dell'Opera del Duomo.

© Aurore Lucas

D'autres lieux extraordinaires :

- **Château de l'Empereur :** Construit au XIIe siècle sur ordre de l'empereur Frédéric II, il se dresse au centre de la ville.
- **Musée du Tessuto :** Il présente une vaste collection de textiles anciens et modernes, pour découvrir l'histoire et la tradition textile de Prato, célèbre dans le monde entier.
- **Villa Medicea di Poggio a Caiano :** Construite à la demande des Médicis au XVIe siècle, elle abrite des fresques d'artistes renommés et un jardin à l'italienne qui vaut la peine d'être visité.
- **Bourg d'Artimino :** Le domaine d'Artimino est situé dans la région viticole de Carmignano, réputée pour la production du vin DOCG Carmignano.

Comment se déplacer ?

En train : Trains régionaux et interurbains depuis les principales villes italiennes jusqu'à Pistoia.

En bus : Service de transport géré par Autolinee Toscane S.p.A.

À pied et à vélo : La Via della Lana e della Seta, longue de 130 kilomètres, est traditionnellement divisée en six étapes d'environ 23 kilomètres chacune, de Bologne à Prato et retour.

TOSCANE

PIAZZA DEL CAMPO

SIENNE

Une place en neuf secteurs pour un gouvernement de neuf hommes : ainsi était Sienne à l'époque républicaine. Composée de neuf citoyens choisis parmi la noblesse et la bourgeoisie, ce gouvernement représente l'une des périodes les plus prospères et stables de l'histoire de Sienne, caractérisée par un équilibre entre pouvoir, commerce et art.

En regardant la place, on se trouve devant l'un des exemples les plus spectaculaires d'architecture médiévale au monde, grâce à sa structure unique qui, vue du ciel, ressemble à une grande coquille retournée. En effet, le pavage n'est pas plat, mais suit le dénivelé de l'ancien champ dont il porte le nom, descendant progressivement vers le Palais Public et la Tour du Mangia, où résidait le gouvernement de la république.

La « Piazza del Campo » était le symbole d'une ville qui, au XIIIe siècle, était l'une des plus importantes d'Italie, rivalisant avec la voisine Florence pour la domination de la région Toscane, grâce également à sa position géographique favorable entre le Nord et le Sud.

Dans cette merveilleuse place se tient encore le plus grand événement culturel pour les Siennois : le Palio de Sienne. Né au Moyen Âge, le Palio est une manifestation équestre où dix des dix-sept quartiers de la ville s'affrontent lors d'une course de chevaux précédée de festivités et de défilés.

En somme, Sienne est sans aucun doute un autre joyau du patrimoine de l'UNESCO au cœur de la Toscane qui mérite d'être exploré.

Infos pratiques

Accès :
Ouvert et libre d'accès, sauf deux fois par an lors du Palio de Sienne.

© Aurore Lucas

D'autres lieux extraordinaires :

• **Pienza :** Renommée pour son architecture de la Renaissance et son plan urbain harmonieux.

• **Val d'Orcia :** Peu d'endroits au monde constituent une combinaison aussi parfaite de la nature, du paysage et de l'élément humain que cette vallée.

• **Abbaye de San Galgano :** Située à quelques kilomètres de Sienne, l'abbaye de San Galgano est une imposante ruine gothique qui offre une atmosphère évocatrice.

• **San Gimignano :** Connue sous le nom de « ville des tours », elle est célèbre pour ses tours médiévales bien conservées.

Comment se déplacer ?

En train : Trains régionaux depuis Florence ou Pise vers Sienne avec le service Trenitalia.

En bus : Service Flixbus entre les principales villes italiennes et Sienne. Depuis Florence, prenez la ligne 131R ou 131O depuis Via Santa Caterina da Siena, 7.

À vélo : Explorez les campagnes siennoises sur les itinéraires cyclistes les plus emblématiques ou participez à la manifestation L'Eroica avec des vélos d'époque.

À pied : Le meilleur moyen de se déplacer dans le centre historique piétonnier de la ville.

OMBRIE

PONT DES TOURS
SPOLÈTE – PÉROUSE

Blottie au pied des collines entourées par la luxuriante forêt ombrienne, se trouve Spolète, une ville d'une importance incontestable, tant dans le passé qu'aujourd'hui. D'un côté, les riches sources de Cortaccione, de l'autre, la ville avec ses besoins essentiels en eau. Entre les deux, une profonde vallée où coule le torrent Tessino. C'est pourquoi, dès l'Antiquité, peut-être déjà à l'époque romaine, il fut décidé de construire un lien entre ces points clés en érigeant neuf imposants piliers, pour une longueur totale de 230 mètres et une hauteur de 80 mètres, créant ainsi un incroyable pont-aqueduc. Sa forme actuelle date du milieu du XIVe siècle, lorsque le cardinal Albornoz, avec l'architecte Matteo Gattapone, a restauré l'ensemble de la zone. Au-dessus de la structure se dresse un mur qui délimite la route tout au long du pont, et sur sa partie supérieure, un canal creusé permettait à l'eau de couler pour alimenter la ville via la fontaine de la Piazza Campello, avant de se répartir dans différents puits et conduites.

Les deux plus hauts piliers sont creux et servent de tours de garde, suggérant un usage à la fois militaire et fonctionnel. Liés à cet usage, des bâtiments importants tels que la Rocca Albornoziana et le Fortilizio dei Mulini renforcent cette hypothèse.

Le Pont des Tours a toujours fasciné les voyageurs et les personnages historiques par son panorama à couper le souffle sur le Monteluco et le Bois Sacré. Ainsi, il ne représente pas seulement un témoignage historique et architectural majeur, mais aussi une agréable expérience pour les amoureux de la nature.

Infos pratiques

En raison des derniers événements sismiques, le passage sur le pont est interdit jusqu'à une date ultérieure, mais il est toujours possible d'admirer sa beauté des deux côtés.

Vous pouvez réserver la visite guidée « Ponte delle Torri, Rocca Albornoziana e Giro dei Condotti ». Réservations et informations : museoducatospoleto@sistemamuseo.it

© Auore Lucas

D'autres lieux extraordinaires :

- **Gubbio :** Ce charmant village médiéval est célèbre pour son caractère historique, ses ruelles pavées étroites et son imposant Palais des Consuls.
- **Basilique Saint-François à Assise :** Connue pour ses fresques de Giotto et d'autres artistes du XIIIe siècle, qui retracent la vie de Saint François.
- **Vignobles Terre de la Custodia à Montefalco :** Un lieu incontournable pour les amateurs de vin et de culture gastronomique, où l'on peut découvrir les vins locaux et leur histoire.
- **Abbaye de Sassovivo :** Ce monastère bénédictin du XIIe siècle est niché au cœur de la nature, entouré de forêts de chênes et d'oliviers.

Comment se déplacer ?

En bus : Consultez le site de Busitalia pour tous les horaires des bus urbains et interurbains de Spolète et de l'Ombrie.

À vélo : Suivez la piste cyclable reliant Spolète à Norcia, le long de l'ancienne voie ferrée, à travers tunnels et vues panoramiques.

À pied : Explorez l'itinéraire de randonnée de Spolète à Monteluco, un parcours fascinant à travers des ermitages cachés dans la forêt dense de chênes verts.

En canoë : L'ensemble du parc de la rivière Nera comprend des lacs et des vues à couper le souffle. Bonne expérience requise.

OMBRIE

TR

LA CASCADE DES MARMORE

TERNI

Les travaux de bonification réalisés par les peuples de la Rome antique représentent l'un des exemples les plus remarquables d'ingénierie et de gestion territoriale de l'Antiquité. Ces interventions ont non seulement transformé le paysage de l'Italie, mais elles ont également permis un développement agricole, urbain et infrastructurel significatif.

Les Cascades des Marmore en sont un exemple emblématique. En 271 av. J.-C., le consul romain Manius Curius Dentatus ordonna la construction d'un canal pour drainer les eaux stagnantes de la plaine vers la chute naturelle de Marmore, où l'eau se jetait ensuite directement dans la rivière Nera.

Avec la chute de l'Empire romain, l'entretien du canal cessa, provoquant divers problèmes hydrauliques, suivis de nombreuses interventions pour atténuer les effets négatifs des eaux sur la région. La solution définitive n'arriva qu'en 1787, lorsque le pape Pie VI chargea l'architecte Andrea Vici d'agir directement sur les paliers de la cascade, lui donnant son apparence actuelle et résolvant ainsi la plupart des problèmes.

À une époque plus récente, les eaux de la cascade ont été utilisées pour alimenter les aciéries et, plus tard, pour produire de l'énergie hydroélectrique, comme c'est encore le cas aujourd'hui. C'est pourquoi la cascade n'atteint sa pleine puissance que pendant certaines périodes et horaires. Incluse dans le parc fluvial du Nera, cette cascade impressionne chaque année des milliers de visiteurs avec son spectacle impressionnant. Elle offre également l'occasion de découvrir les sentiers environnants, à explorer en solo ou en groupe, au cœur de la nature.

Infos pratiques

Il s'agit d'une cascade à débit contrôlé. Dans la grille horaire, vous pouvez consulter les heures d'ouverture du parc et les heures de lâcher d'eau.
Plein tarif (à partir de 10 ans) 12 € / Tarif réduit (5/9 ans) 9 € / (plus de 70 ans) 10 €.
Tarif réduit (5/9 ans) 9€ / (plus de 70 ans) 10 €.
Partiellement accessible aux personnes handicapées.
Les chiens sont les bienvenus.

© Aurore Lucas

D'autres lieux extraordinaires :

- **Bourg de Narni :** Avec ses anciennes murailles, ses ruelles étroites et ses monuments historiques, Narni est un charmant village médiéval qui vaut le détour.
- **Parc archéologique de Carsulae :** Il abrite les vestiges d'une ancienne ville romaine, dont un amphithéâtre, des temples, des thermes et des routes pavées.
- **Parc fluvial du Nera :** Il offre de magnifiques espaces verts, des sentiers de randonnée et des pistes cyclables le long de la rivière Nera.
- **Le Speco di San Francesco :** Au milieu de bois magnifiques, c'est l'un des plus grands témoignages de la présence du saint dans le sud de l'Ombrie.

Comment se déplacer ?

En bus : Vous pouvez utiliser le service Marmore Link, une combinaison train + bus avec un billet unique, et prendre la ligne urbaine 7 ou la ligne extra-urbaine E621 pour rejoindre les cascades.

À pied : Le Cammino dei Borghi Silenti est un itinéraire circulaire qui serpente le long du versant nord des monts Amerini.

À vélo : Parcourez les 12 km de la piste cyclable du fleuve Nera, accessible aux familles, le long de l'ancienne voie ferrée.

MARCHES

AN

LES GROTTES DE FRASASSI

GENGA – ANCÔNE

Le 25 septembre 1971, un groupe de spéléologues du CAI d'Ancona, dirigé par Giancarlo Cappanera, se retrouva face à un passage étroit à l'intérieur d'une petite grotte appelée « Buco del Diavolo ». Par ce passage, dans une ambiance d'aventure et de hasard, ils furent saisis par un émerveillement indescriptible : le silence, l'immensité et la perfection naturelle des formes qui se déployaient devant leurs yeux leur firent immédiatement comprendre qu'ils avaient trouvé quelque chose d'unique.

En pénétrant dans les grottes, les visiteurs sont encore aujourd'hui accueillis par la Salle Abisso Ancona, une cavité si grande qu'elle pourrait contenir la cathédrale de Milan. Mais la véritable magie se révèle au fur et à mesure de l'exploration : des stalactites et des stalagmites aux formes étranges, façonnées par l'eau et le temps, créent une atmosphère féerique. Certaines formations, comme la majestueuse épée de Damoclès ou la pure Madonnina, semblent être des œuvres d'art sculptées par des mains invisibles.

L'une des curiosités les plus fascinantes est la Salle des Bougies, où de fines stalagmites, aussi hautes que des bougies allumées, s'alignent dans un spectacle intime et délicat. La légende raconte que chaque souhait exprimé ici, sous le silence éternel de la roche, pourrait se réaliser.

Mais ce qui rend les Grottes de Frasassi véritablement uniques, c'est ce sens de la découverte. Chaque pas dévoile de nouvelles perspectives, des jeux de lumière et des formes mystérieuses, comme un voyage au cœur de la terre et du temps. C'est une expérience qui enchante et étonne, et qu'aucune photo ne pourra jamais capturer complètement.

Infos pratiques

Horaires spécifiques à chaque saison. Plus d'informations sur https://www.frasassi.com/
Plein tarif : 18 €
Tarif réduit : 15 €
Parcours spéléologique disponible sur deux itinéraires
Réservation par téléphone au +39 0732 90090 ou par e-mail : booking@frasassi.com

Les chiens ne sont admis que dans une cage de transport.

© Piero Principi - Grotte di Frasassi S.R.L.

D'autres lieux extraordinaires :

- **Récifs des « Due Sorelle » (deux sœurs) :** Cette partie enchanteresse du littoral est célèbre pour ses deux petites plages adjacentes, séparées par un rocher central.
- **Ermitage de Santa Maria Infra Saxa :** Une église creusée dans la roche offre une expérience unique à ceux qui souhaitent explorer la combinaison de la foi et de la nature.
- **Marché aux herbes d'Ancône :** Le bâtiment a été construit au milieu des années 1920 par les ouvriers du chantier naval voisin.
- **Cimetière monumental juif d'Ancône :** Il y a 178 pierres tombales avec des inscriptions juives datant du xve au xixe siècle.

Comment se déplacer ?

En train : Ligne ferroviaire Ancône - Rome, Gare de Genga - San Vittore Terme. La Cuna se trouve à 9 minutes à pied de la gare.

À vélo : La piste cyclable du fleuve Esino, en cours de construction, mène de Sassoferrato à Falconara Marittima avec des détours par Fabriano et Cerreto d'Esi.

À pied : Suggestions d'itinéraires sur marcheoutdoor.it

À cheval : D'innombrables sentiers officiels dans la réserve naturelle du parc du Conero.

MARCHES

LE PONT DE CECCO

ASCOLI PICENO

À la périphérie du centre historique d'Ascoli Piceno, sur l'ancienne trace de la route consulaire Salaria, le Pont de Cecco est un véritable monument à l'histoire et au génie humain.
Son nom, entouré de mystère, est lié à une légende populaire qui l'associe au poète et astrologue local Cecco d'Ascoli. On raconte que le pont aurait été construit en une seule nuit, grâce à l'aide du diable.
En réalité, le Pont de Cecco a été érigé au Ier siècle av. J.-C., en un point stratégique de la ville où le torrent Castellano présentait des contreforts rocheux particulièrement adaptés pour soutenir une telle structure. Construit en grands blocs de travertin, il se distingue par ses deux arches asymétriques et s'étend sur environ 43 mètres.
Pendant des siècles, le Pont de Cecco a constitué un passage essentiel pour la ville, reliant le centre historique au quartier de Porta Maggiore. Sa position stratégique en faisait un élément clé pour la défense d'Ascoli, tout en étant une voie importante pour les échanges commerciaux et les voyageurs.
Aujourd'hui, le Pont de Cecco est l'un des symboles les plus emblématiques et appréciés d'Ascoli Piceno, voisin du Fort Malatesta, qui fait partie du pôle muséal de la ville. Sa silhouette majestueuse, dominant le torrent, laisse une impression inoubliable à tous ceux qui visitent la cité.

Infos pratiques

Ouvert toute l'année en accès libre de l'aube au crépuscule. Entrée et sortie côté château.

© Aurore Lucas

D'autres lieux extraordinaires :

• **Piazza del Popolo à Ascoli Piceno :** L'une des places les plus fascinantes d'Italie, avec son atmosphère renaissance et le célèbre Caffè Meletti.

• **Lac de Pilate :** Un lac alpin niché entre les sommets des Monts Sibillini, entouré d'une légende racontant qu'il serait le lieu de repos du corps de Ponce Pilate.

• **Bourg Médiévale d'Offida :** Connu pour sa dentelle traditionnelle et ses rues pavées pittoresques, Offida offre un voyage dans le temps au cœur des Marche.

• **Musée de la papeterie papale :** Un rare trésor d'archéologie industrielle fondé au XVIe siècle sous le pape Grégoire XIII.

Comment se déplacer ?

En train : Trains régionaux entre les principales villes italiennes jusqu'à Ascoli Piceno.

En bus : Service urbain géré par la société Start Spa.

À vélo : Pédaler sur la piste cyclable de la Salaria, de Rome à San Benedetto del Tronto.

À pied : Découvrez le Grand Anello dei Borghi Ascolani en 100 km d'émerveillement.

MARCHES

SALA DEL MAPPAMONDO, PALAIS DES PRIORI

FERMO

La salle de la carte du monde, située dans le majestueux Palais des Prieurs, est la salle la plus ancienne et emblématique de la Pinacothèque Civique de Fermo. En franchissant son seuil, on a l'impression d'entrer dans un temps suspendu, une époque où le monde restait à explorer et où la quête de connaissance s'apparentait à une aventure exaltante.
Elle abrite l'une des plus importantes collections de livres anciens des Marche, avec des milliers de volumes et de manuscrits précieux. Mais ce qui frappe immédiatement, c'est l'imposante mappemonde, une sphère terrestre de près de deux mètres de diamètre, réalisée en 1713 par le cartographe Silvestro Amanzio Moroncelli, cosmographe de la reine Christine de Suède.
Cet antique globe, véritable chef-d'œuvre de précision pour son époque, reflète la vision du monde connu au XVIIIe siècle, avec des détails fascinants qui dévoilent des terres mystérieuses et des routes maritimes.
La salle de la carte du monde respire la curiosité. C'est ici que de grands érudits et voyageurs d'antan se réunissaient pour débattre des nouvelles découvertes et des contrées lointaines. Les murs, tapissés d'étagères en bois, exhalent l'odeur des siècles, tandis que les grandes fenêtres offrent une vue à couper le souffle sur la ville de Fermo, comme une invitation permanente à contempler l'horizon.
L'atmosphère y est presque magique, et il est facile de se laisser emporter par la sensation de se trouver dans l'une des salles de lecture les plus envoûtantes d'Italie, où le silence n'est interrompu que par le murmure de l'histoire.

Infos pratiques

Lundi fermé
Du mardi au vendredi
10 h 30 - 13 h / 15 h 30-18 h

Samedi et Dimanche
10 h 30 - 13 h / 15 h 30 - 19 h

Plein tarif : 9 €.
Tarif réduit (de 14 à 25 ans) : 7 €
Gratuit pour les moins de 13 ans et les personnes handicapées.

© Renato Santiloni

D'autres lieux extraordinaires :

- **Torre di Palme :** Un charmant village médiéval avec des rues pavées et une tour panoramique offrant une vue imprenable sur la mer Adriatique.
- **Citernes romaines :** Situées « via degli Aceti », une rue au sol typique en brique, bordée de palais au style imposant.
- **FUM - Fermo Urban Museum :** Le FUM se déploie comme une véritable exposition à ciel ouvert, avec des graffitis et des fresques murales.
- **Musée de la Bande Dessinée et de l'Image de Fermo :** Ce musée célèbre l'histoire de la bande dessinée à travers des expositions interactives et des œuvres d'art originales.

Comment se déplacer ?

En bus : Service de transport public urbain de la gare de Porto S.Giorgio FS au Maxi Parking de Fermo.

MARCHES

MC

LE LAME ROSSE
CESSAPALOMBO – MACERATA

Pour ceux qui n'ont pas peur d'enfiler des chaussures de randonnée, la localité de Fiastra offre de nombreux lieux d'une beauté naturelle saisissante. Parmi eux, les Lame Rosse, un étonnant coin de Far West américain en plein cœur de l'Italie centrale. Ce site, niché dans les profondeurs des Marche, à proximité du célèbre Parc national des Monts Sibyllins, n'est pas des plus faciles à atteindre, mais il en vaut largement la peine.
En arrivant à Fiastra, la première chose qui frappe, c'est le turquoise éclatant des eaux du lac artificiel, un véritable havre de fraîcheur pendant les mois d'été. À l'extrémité du lac, près du barrage qui en ferme la silhouette, débute un sentier accessible uniquement à pied. Rapidement, le turquoise cède la place au vert intense de la végétation qui accompagne les randonneurs pendant environ une heure de marche. Puis vient un nouveau changement de décor : de hautes tours de gravier, de limon et d'argile riches en fer se dressent fièrement, affichant des nuances de rouge spectaculaires. Ici, on les appelle les Lame Rosse.
Façonnés par l'érosion de l'eau et du vent au fil des millénaires, ces géants géologiques semblent tout droit sortis d'un autre monde. Pour les amoureux de la nature, de la randonnée et de la photographie, une visite aux Lame Rosse est une expérience incontournable. C'est comme pénétrer dans une galerie d'art naturelle où chaque recoin révèle une nouvelle perspective et de nouveaux détails à admirer.

Infos pratiques

Ouvert et accessible gratuitement toute l'année. Vérifier les éventuels avis d'aptitude à l'utilisation du site suite à des phénomènes météorologiques importants et/ou à des phénomènes sismiques sur le site.

© Adobe Stock – emanuele7100

D'autres lieux extraordinaires :

• **Le Musée de la Caricature de Tolentino :** Une collection fascinante d'œuvres d'art satirique, offrant un regard divertissant et intelligent sur la société et la politique.

• **Abbaye de Chiaravalle di Fiastra :** Abbaye cistercienne du XIIe siècle, entourée d'un mur d'enceinte.

• **Sferisterio de Macerata :** Un théâtre en plein air néoclassique célèbre pour le Festival de l'Opéra, proposant des spectacles lyriques et des concerts dans une atmosphère unique.

• **Bourg Médiéval de San Ginesio :** Un charmant village médiéval avec des ruelles pavées étroites, d'anciennes tours et des palais historiques.

Comment se déplacer ?

En bus : Service de transport public de Macerata à Fiastra assuré par Contram Mobilità s.c.p.a.

À vélo : Vous pouvez visiter le parc national des Monti Sibillini tout proche en parcourant le Grande Anello en vélo tout-terrain (bon entraînement requis).

À pied : Explorez les zones voisines telles que les gorges de Fiastrone et la grotte des Frati en compagnie d'un guide de randonnée.

MARCHES

PALAIS DUCAL
URBINO – PESARO ET URBINO

Urbino a été fondée au milieu des forêts de chênes et des douces collines de la région des Marches. Une ville qui représente l'un des sommets de l'art et de la culture de la Renaissance, grâce à ses artistes, ses habitants et ses hommes extraordinaires.
Son témoignage le plus important est le Palais Ducal, qui s'étend sur plus de 20 000 mètres carrés. Un palais majestueux construit au XVe siècle, qui s'ouvre en grand aux visiteurs arrivant des collines, aujourd'hui comme à l'époque. Dès l'entrée, on est accueilli par la cour d'honneur, un lieu où l'Antiquité a donné un nouvel élan à la Renaissance. En effet, le palais était à l'époque un lieu de grande effervescence, où des dizaines d'ambassadeurs venaient rendre visite à Federico da Montefeltro, le duc d'Urbino. En montant sur le piano nobile, on est accueilli par la salle du trône, qui impressionne avec ses 500 mètres carrés. Certaines tapisseries laissent deviner la magnificence des invités et des festivités de l'époque. Un palais qui abritait en permanence environ 500 personnes, dont des serviteurs, des soldats et du personnel. Ici, vous pouvez marcher dans les mêmes étages où des artistes tels que Bramante, Raphaël, Léonard de Vinci et Piero della Francesca ont passé, transformant ce lieu en une cour qui rivalise avec les autres grandes cours européennes. Cette concentration de noms célèbres fait penser à un système solaire avec un soleil au centre et de nombreuses planètes attirées par ce soleil, Federico da Montefeltro. Un homme de pouvoir, habitué aux combats, qu'il alternait avec une vie plus réfléchie et cultivée dans la tranquillité de son palais. Un véritable mécène de la Renaissance, aspirant à la soif de connaissance. Un ferment peut-être encore présent sur les visages des nombreux étudiants universitaires de la ville.

Infos pratiques

Ouvert du mardi au dimanche : de 8 h 30 à 19 h 15 avec fermeture de la billetterie à 18 h 15.
Lundis Fériés : Fermé
Fermé le : 25 décembre, 1er janvier

Billet plein tarif : 12 €
Billet à tarif réduit : 2 € pour les citoyens de l'Union européenne âgés de 18 à 25 ans.
Premier dimanche du mois : Gratuit

© Aurore Lucas

D'autres lieux extraordinaires :

• **Parc naturel du Monte San Bartolo :** Il s'étend le long de la côte adriatique et offre des falaises abruptes, des plages cachées et des forêts luxuriantes.

• **Maison natale de Raphaël à Urbino :** C'est la maison où est né et a grandi le célèbre peintre de la Renaissance Raphaël Sanzio.

• **Gradara :** Un village médiéval enchanteur avec une imposante forteresse dominant la vallée en contrebas, liée à l'histoire d'amour de Paolo et Francesca.

• **Palazzo Ducale à Pesaro :** Majestueuse résidence des ducs d'Urbino, avec des fresques de la Renaissance et une vaste collection d'œuvres d'art.

Comment se déplacer ?

En train : Arrivée à la gare la plus proche de Pesaro, puis poursuite en bus.

En bus : Lignes de la compagnie AdriaBus d'Urbino.

À cheval : Randonnée à cheval dans l'oasis de faune « La Badia ».

LATIUM

ABBAYE DE CASAMARI

VEROLI – FROSINONE

On vous parle ici d'un lieu où est née la règle « Ora et Labora » (Prie et travaille), fondement de l'ordre monastique créé par Saint Benoît, l'un des phénomènes les plus extraordinaires de l'histoire de l'Europe médiévale. Dans la région historique de la Ciociaria, de nombreuses abbayes et monastères s'élèvent, édifiés pour célébrer la gloire de Dieu. Ces lieux majestueux dépassent leur vocation religieuse et monastique, car autour d'eux sont nés des bourgs et des cités qui furent des centres névralgiques de cette époque.

L'Abbaye de Casamari est l'un des exemples les plus significatifs. Érigée sur les ruines de Cereatae Marianae, un ancien municipe romain dédié à la déesse Cérès et au général romain Caius Marius, son histoire remonte à 1005, lorsque les Bénédictins y fondèrent le premier monastère. En 1152, elle passa sous la direction des Cisterciens, qui entreprirent une reconstruction radicale sous la direction de Frère Guillaume de Milan. Consacrée en 1217, l'église est un chef-d'œuvre d'austérité propre à l'ordre, avec ses trois nefs, ses chapelles latérales et son grand ciborium offert par Clément XI.

Sa beauté se manifeste dans le cloître animé, l'ancien réfectoire et la splendide salle capitulaire. L'abbaye est également célèbre pour sa pharmacie historique, fondée en 1761, qui devint un centre d'étude et de production de remèdes galéniques.

Sous les notes des chants grégoriens, vous pourrez admirer l'élégance de l'architecture monastique et déguster les élixirs préparés par les moines, pour atteindre sérénité d'esprit et bien-être corporel.

Infos pratiques

Heures d'ouverture pour les visites 9 h - 12 h / 15 h- 18 h.

Entrée gratuite.

© Adobe Stock – serfeo

D'autres lieux extraordinaires :

- **Château de Fumone :** Situé sur une colline panoramique, ce château médiéval offre une vue imprenable sur la vallée en contrebas.
- **Arpino :** La ville de Cicero, avec l'Acropole de Civitavecchia et l'Arc de Sesto Acuto.
- **Cascades d'Isola del Liri :** Formées par le fleuve Liri qui se divise en deux branches au centre de la ville pittoresque d'Isola del Liri.
- **Gorges de Lacerno :** Un canyon à couper le souffle creusé par la rivière Lacerno au cœur du parc national des Abruzzes, du Latium et du Molise.

Comment se déplacer ?

En train : Trains à grande vitesse et trains régionaux entre les principales villes italiennes et Frosinone.

En bus : Service de transport public urbain dans la ville géré par Cotral. Bus direction Sora, arrêt Veroli.

À vélo : La piste cyclable la plus connue de la région de Frosinone, longue de 25 km, est celle qui suit le tracé de l'ancienne voie ferrée Roma Laziali, désaffectée depuis les années 1980.

À pied : 185 kilomètres de marche à travers les 13 villages de la vallée du fleuve Amaseno, le Cammino della Regina Camilla.

LATIUM

LE JARDIN DE NINFA

CISTERNA DI LATINA – LATINA

Le printemps invite au voyage, et quel meilleur endroit pour admirer les floraisons luxuriantes et se laisser envoûter par les parfums des corolles tant convoitées par les insectes qu'un jardin ?

Le Jardin de Ninfa est un lieu enchanteur, une merveille de biodiversité et de beauté paysagère, considéré comme l'un des plus beaux du Latium. Avec ses ruisseaux foisonnants et ses ponts en pierre pittoresques, c'est une oasis de paix qui s'étend sur 8 hectares, abritant des plantes rares et les ruines d'anciens édifices.

À l'origine, ce lieu était la ville médiévale de Ninfa. Modeste centre agricole, Ninfa connut un essor rapide autour de 1300 grâce à l'ouverture d'une voie alternative à la Via Appia romaine. Mais au XIVe siècle, la ville fut abandonnée en raison des guerres et de la malaria, mais ses ruines des églises, les palais et les tours ont depuis été magnifiquement intégrées dans un projet botanique extraordinaire.

Le jardin a été créé à partir de 1921 par la famille Caetani, qui en a fait l'un des jardins à l'anglaise les plus fascinants au monde. Aujourd'hui, Ninfa est un monument naturel protégé, où prospèrent plus de 1300 espèces de plantes, notamment de rares variétés de roses, des érables japonais et des arbres exotiques, bénéficiant d'un microclimat idéal.

Petite anecdote : le Jardin de Ninfa a inspiré des poètes et écrivains comme Virginia Woolf et Truman Capote, séduits par son charme intemporel. La promenade parmi les ruines historiques et la végétation luxuriante devient ainsi un voyage poétique à travers la nature, où chaque recoin raconte une histoire et où chaque saison offre des couleurs et des atmosphères uniques.

Infos pratiques

Horaires spécifiques à chaque saison. Plus d'informations sur https://www.giardinodininfa.eu/

La zone n'est accessible que par votre propre moyen de transport, bien qu'il soit possible de s'y rendre en train et en taxi depuis la gare de Latina Scalo (environ 7 km) jusqu'au jardin.

© Adobe Stock - Buffy1982

D'autres lieux extraordinaires :

- **Sanctuaire de la Madonna della Civita :** Ce sanctuaire médiéval, situé sur un rocher au-dessus du village d'Alvito, offre une vue spectaculaire.
- **Sperlonga :** Un pittoresque village balnéaire avec des plages de sable blanc, des grottes maritimes et un musée archéologique abritant les célèbres sculptures de la Villa de Tibère.
- **Mont Circeo :** Une imposante formation rocheuse sur la côte, liée à la légende de Circé. Il offre des sentiers panoramiques, des plages isolées et une atmosphère sauvage.
- **Ville de Sermoneta :** Un charmant village médiéval entouré de murs fortifiés, avec une histoire riche et des rues pavées étroites.

Comment se déplacer ?

En train : Trains régionaux et interurbains entre les principales villes italiennes jusqu'à Latina Scalo. Continuer ensuite en taxi.

En bus : Service de transport public dans la province de Latina géré par Cotral.

À vélo : De Vintimille à Latina, le long de la mer Tyrrhénienne.

À pied : L'un des itinéraires les plus populaires de la province mène au Picco del Circeo.

LATIUM

LAC DE TURANO
DANS LA PROVINCE DE RIETI

De la nécessité naît la beauté. Ces forêts ne se reflétaient pas toujours sur l'eau. Du moins, ce n'était pas le cas jusqu'en 1939, année où le barrage du Turano fut construit pour réguler les eaux et produire de l'énergie hydroélectrique. Ce projet transforma radicalement le paysage, donnant naissance à une nouvelle splendeur : le Lac du Turano, un miroir d'eau aux nuances turquoise qui séduit tous ses visiteurs.

Situé au pied de la réserve naturelle du mont Navegna et du mont Cervia, ce lieu est parfait pour partir à pied explorer les forêts et reliefs du parc.

Sur ses rives se reflètent plusieurs villages historiques, points de départ idéaux pour les amateurs de sports nautiques et les curieux des traditions locales. Castel di Tora, traversé par la Route de la Truffe et de la Châtaigne, invite à remonter le temps en parcourant ses ruelles étroites bordées d'arcs, d'escaliers et de passages qui rappellent le Moyen Âge. Depuis ses hauteurs, la vue s'ouvre sur le lac et le village voisin d'Antuni, perché sur un monticule relié à la terre ferme par un fin isthme. Complètement abandonné et presque inaccessible jusqu'en 1990, ce village médiéval a retrouvé depuis tout son intérêt et sa valeur.

Enfin, rendez-vous au crépuscule à Colle di Tora, où une vue imprenable permet d'admirer le lac se parer de teintes chaudes, offrant un paysage inoubliable et empreint de poésie.

Infos pratiques

Accessible et visitable gratuitement toute l'année.

© Aurore Lucas

D'autres lieux extraordinaires :

- **Sanctuaire de Fonte Colombo :** Un lieu de culte important dédié à Saint François d'Assise, situé dans une forêt de chênes pittoresques.
- **Village de Greccio :** Un charmant village médiéval célèbre pour son Presepe Vivente, une tradition de Noël datant du XIIIe siècle, et pour son centre historique pittoresque.
- **Abbaye de Farfa :** Un ancien monastère bénédictin du VIIIe siècle, avec une magnifique église romane et une atmosphère de spiritualité et de sérénité.
- **Valle Santa de Rieti :** C'est ici que se trouve le Sanctuaire de la Forêt, un lieu de prière entouré de nature, fréquenté par des pèlerins.

Comment se déplacer ?

En train : Trains régionaux entre les principales villes italiennes jusqu'à Rieti.

En bus : Service de transport public dans la province géré par Cotral. Ligne Rieti - Castel di Tora.

À pied : Revenir sur les pas du saint en empruntant la Via di Francesco. Les étapes 5, 6 et 7 de la Via del Sud passent par la province de Rieti.

À vélo : Enfourchez votre VTT pour le Cammino di San Benedetto le long de la « Valle Santa » jusqu'à Rieti, puis en remontant lentement la vallée de Turano.

En canoë : Découvrir les recoins les plus cachés du lac Turano sur des canoës canadiens à 6 places.

QUARTIER COPPÈDE

ROME

Rome est une ville qui rassemble le monde à elle seule, imprégnée d'histoire, d'art et de culture à un tel point qu'une vie entière ne suffirait pas à l'explorer. Ses quartiers sont aussi variés que riches, allant de la splendeur des marbres du Forum Romain aux fresques audacieuses de l'art urbain contemporain. C'est pourquoi il vaut mieux ne pas vouloir tout voir, mais se concentrer sur des détails, comme cet étonnant quartier, non loin de la gare Termini.

Le Quartier Coppedè (officiellement dans le district de Trieste) est un lieu surréaliste où la réalité se mêle à un monde fantastique. Conçu par l'architecte excentrique Gino Coppedè entre 1915 et 1927, ce quartier ne ressemble à aucun autre de la capitale. C'est un audacieux mélange de styles : un véritable patchwork architectural combinant des éléments gothiques, Art nouveau, médiévaux et baroques dans une symphonie visuelle unique.

Au cœur du quartier se trouve la Piazza Mincio, dominée par la Fontaine des Grenouilles. Mais ce sont les bâtiments ornés de détails ésotériques, de masques, de figures mythologiques et de symboles mystérieux qui captivent l'imagination. Chaque recoin semble chuchoter une histoire secrète : des lustres en fer forgé aux arcades reliant les édifices, chaque détail invite à l'observation attentive et curieuse.

Parmi les trésors du Quartier Coppedè, on trouve une subtile combinaison de grandeur et d'intimité. Des palais comme le Villino delle Fate, avec ses fresques et ses bas-reliefs, semblent tout droit sortis d'un conte de fées. Le Palazzo del Ragno, quant à lui, intrigue par ses mystères et fascine les amateurs d'énigmes. Se promener dans les rues de ce quartier, c'est entrer dans un rêve architectural, une expérience unique pour quiconque apprécie la beauté hors des sentiers battus et le charme des singularités.

Infos pratiques

Accessible et visitable gratuitement toute l'année.

© Adobe Stock – PhotoSpirit

D'autres lieux extraordinaires :

- **Villa d'Este à Tivoli :** Un chef-d'œuvre de la Renaissance avec de magnifiques jardins, fontaines et terrasses panoramiques.
- **Castel Gandolfo :** Résidence d'été des Papes, située sur les rives du lac Albano, offrant des vues panoramiques et des jardins papaux.
- **Cerveteri :** Une ville située dans la province de Rome, au Lazio, célèbre pour son site archéologique étrusque de grande importance : la Nécropole de Banditaccia. Inscrit au patrimoine mondial de l'UNESCO.
- **Sanctuaire du Sacro Speco de San Michele Arcangelo :** Un sanctuaire fascinant situé dans une grotte naturelle.

Comment se déplacer ?

En train : Trains à grande vitesse et trains regionaux entre les principales villes italiennes et Rome.

En bus : Service de transport public urbain dans la ville géré par ATAC. Depuis Roma Termini, bus n° 38 direction Porta di Roma, arrêt Trieste/Trento.

À vélo : Participez à une visite guidée de la ville en explorant les parcs de Rome. Villa Borghese, Parco degli Acquedotti et Caffarella.

À pied : Une autre excursion urbaine intéressante en visitant les peintures murales des quartiers de Torpignattara et Quadraro.

À cheval : Le grand anneau des parcs du Latium – en particulier le tronçon du parc des Monti Simbruini.

CIVITA DI BAGNOREGIO

BAGNOREGIO – VITERBE

Nous sommes dans la Vallée des Calanchi, un spectacle naturel extraordinaire façonné par l'érosion météorique. Ici se dresse depuis l'époque étrusque Civita di Bagnoregio, un village unique, suspendu dans le temps et l'espace, perché sur un éperon de tuf qui s'effrite lentement. Fondée il y a plus de deux mille ans sur l'une des plus anciennes routes reliant le Tibre au lac de Bolsena, Civita s'est épanouie au Moyen Âge pour devenir aujourd'hui un fascinant témoignage de l'ère Renaissance, accessible uniquement à pied par un pont étroit et spectaculaire.

Ses ruelles pavées, ses maisons en pierre, ses balcons fleuris et sa majestueuse porte d'entrée encadrent un paysage digne d'un rêve. À chaque pas, le village dévoile des merveilles : petites places, panoramas grandioses sur les vallées, et ruelles désertes empreintes de mystère. Civita fut aussi un refuge pour les intellectuels, dont l'écrivain Bonaventura Tecchi, qui décrivit sa beauté poignante et contribua à sa sauvegarde. En effet, Civita fait partie de ce patrimoine rural longtemps oublié au profit de l'agitation urbaine, avant de renaître progressivement grâce au tourisme.

Aujourd'hui, Civita di Bagnoregio est devenue un lieu vibrant, riche en histoire, avec ses restaurants, boutiques artisanales et panoramas à couper le souffle. Au fil des heures, la lumière métamorphose ses paysages, révélant des détails nouveaux et animant une beauté à la fois mélancolique et envoûtante. Un joyau fragile et précieux, témoignage du lien entre l'homme et la nature, qui mérite d'être découvert au moins une fois dans une vie.

Infos pratiques

Ouvert toute l'année.

Plein tarif 5 €.
Gratuit (handicapés et jusqu'à 5 ans).

Service de transport pour les personnes handicapées sur demande auprès du représentant local de la Croix-Rouge : +39 333 5734724

© Aurore Lucas

D'autres lieux extraordinaires :

- **Villa Lante à Bagnaia :** Un joyau de la Renaissance avec des jardins à l'italienne et des fontaines spectaculaires.
- **Thermes des Papes à Viterbo :** Un complexe thermal réputé pour ses eaux thermales bénéfiques, situé au milieu de la campagne du Latium.
- **Palais des Papes à Viterbo :** Une imposante résidence papale datant du XIIIe siècle, avec des fresques historiques et une tour panoramique.
- **Lac de Bolsena :** Le plus grand lac volcanique d'Europe, offrant des plages panoramiques, des sports nautiques et des villages charmants sur ses rives.

Comment se déplacer ?

En train : Les gares ferroviaires à partir desquelles on peut rejoindre Bagnoregio sont Viterbo et Orvieto, d'où l'on peut prendre les lignes d'autobus COTRAL.

En bus : Service de transport public géré par COTRAL. Consultez les horaires des lignes sur le site web.

À vélo : Des visites guidées de Civita di Bagnoregio sont disponibles aux points de location d'Orvieto.

- : à pied
- : à vélo
- : en canoë
- : à cheval
- : en bus
- : en train
- : en bateau

ITALIE DU SUD

ABRUZZES

CAMPO IMPERATORE
DANS LA PROVINCE DE L'AQUILA

Certains l'appellent le « Petit Tibet » en raison de sa ressemblance avec les paysages d'Orient, d'autres le « nombril de l'Italie » pour sa position géographique. Ces surnoms nous montrent à quel point Campo Imperatore est bien plus qu'un vaste plateau central de 20 kilomètres de long sur 7 kilomètres de large.
Cette immense étendue de biodiversité relie les deux chaînes parallèles du massif du Gran Sasso, dont le Corno Grande, culminant à 2912 mètres, est le sommet le plus élevé des Apennins, protégé par le parc national éponyme. Ici, la nature rocheuse favorise la formation de dolines, grottes et gorges façonnées par les eaux, entourées de calcaires et de dolomies des reliefs environnants.
Un paysage varié, mêlant prairies et fleurs sauvages, sculpté par les vents et encadré par des sommets majestueux. Il émerveille par ses panoramas à couper le souffle et une impression d'intemporalité. Pourtant, l'histoire y a laissé son empreinte : habitée par l'ancien peuple des Vestins, utilisé par les Normands comme pâturage estival pour les troupeaux transhumants, et aujourd'hui paradis des randonneurs qui empruntent encore les anciens sentiers.
Visiter Campo Imperatore, c'est comme se retrouver sur un plateau de cinéma, et ce n'est pas un hasard si plusieurs scènes de films y ont été tournées, notamment deux westerns spaghetti avec Bud Spencer et Terence Hill : On l'appelait Trinita et on continue de l'appeler Trinita.
En hiver, le plateau se transforme en une station de ski pittoresque, tandis qu'en été, il devient le point de départ de randonnées exaltantes. Quelle que soit la saison, ce coin d'Italie offre une expérience inoubliable.

Infos pratiques

Ski en hiver, trekking en été et bien plus encore. Campo Imperatore est une destination ouverte et gratuite en toutes saisons, mais sa situation n'est pas vraiment accessible.

© Adobe Stock – Alessandro Persiani

D'autres lieux extraordinaires :

- **Rocca Calascio :** Une ancienne forteresse médiévale située entre les sommets du Gran Sasso, célèbre pour ses vues panoramiques spectaculaires.
- **Réserve naturelle régionale Gole del Sagittario :** Offre des sentiers pittoresques qui suivent le cours de la rivière Sagittario.
- **Sulmona :** Magnifique ville située dans les montagnes des Abruzzes, célèbre pour ses délicieux « confettis » de sucre.
- **Alba Fucens :** Un ancien site archéologique romain fondé au IVe siècle avant J.-C. par les Marsi. Il conserve d'importants vestiges, notamment les murs cyclopéens et le théâtre romain.

Comment se déplacer ?

En bus : De L'Aquila Le bus 6S du terminal de bus prend environ 40 minutes pour Fonte Cerreto Funivia. Consultez le site officiel de la compagnie de transport AMA.

En téléphérique : De Fonte Cerreto Funivia à 2 130 mètres d'altitude (vérifier les horaires et les conditions sur www.ilgransasso.it ou + 39 0862 191 0737).

À vélo : Des guides et des cartes des sentiers du parc peuvent être achetés à L'Aquila.

À pied : Le Cammino dei Briganti permet de découvrir des villages médiévaux et une nature sauvage entre les Abruzzes et le Latium en 100 km.

ABRUZZES

CH

ROCCASCALEGNA

ROCCASCALEGNA – CHIETI

Le château de Roccascalegna ressemble à une prouesse d'équilibriste, perché sur un éperon rocheux qui domine le cœur des Abruzzes. Cette forteresse médiévale remonte au VIe siècle, lorsque les Lombards y construisirent d'abord une tour de guet, renforcée au XIIe siècle pour surveiller les mouvements des Byzantins venant de la côte. En l'observant, on imagine les nombreuses aventures qui ont dû se dérouler autour de ce lieu chargé de mystère et de charme.
Selon une légende ancienne, en 1646, le baron Corvo De Corvis aurait rétabli le droit de Jus Primae Noctis. Chaque jeune mariée devait passer la première nuit de ses noces avec le baron, et nul ne pouvait s'y opposer. Mais un mari déguisé en épouse, ou une femme particulièrement audacieuse, réussit à le tuer à coups de couteau avant de le précipiter du haut du rocher. La légende raconte que le baron, avant de tomber, laissa une empreinte de sang indélébile sur le mur de sa chambre, un mur qui s'est effondré en 1940. Demandez aux anciens du village, ils vous le raconteront.
L'ensemble du château semble né spontanément du paysage, et l'idéal est de l'approcher à pied depuis le nord. À ses pieds se trouve le village homonyme, peuplé de 1200 âmes. À l'intérieur, des expositions et des événements font revivre les traditions et le quotidien d'autrefois. Roccascalegna n'est pas seulement une forteresse, c'est le symbole d'un territoire qui envoûte et une invitation à se perdre entre ses pierres et ses légendes.

Infos pratiques

Difficile d'accéder aux transports en commun.

Ouverture en été tous les jours de 10 h à 20 h.
Ouverture en hiver :
10 h à 13 h et 15 h à 18 h.
Samedi et dimanche ouverts de 10 h à 18 h.

Tarifs :
Plein tarif : 4 €.

© Aurore Lucas

D'autres lieux extraordinaires :

- **Costa dei Trabocchi :** Anciennes plateformes de pêche en bois s'élevant au-dessus de la mer. Elle offre des plages préservées, des falaises captivantes et d'excellents restaurants de fruits de mer.

- **Grottes du Cavallone à Lama des Peligni :** Un réseau de grottes karstiques ornées de spectaculaires stalactites et stalagmites.
- **Réserve Naturelle de Punta Aderci :** Une magnifique zone côtière avec des plages immaculées, des falaises calcaires et des dunes de sable.

- **Parc Aventure Majella :** Parcours acrobatique dans les arbres, escalade et autres activités de plein air idéales pour toute la famille.

Comment se déplacer ?

En bus : Transport régional suburbain assuré par la société TUA Spa.

À vélo : La nouvelle piste cyclable du Sangro, un itinéraire de 80 km reliant les Abruzzes et le Molise, est en cours de construction.

À pied : L'idéal est d'arriver par le nord, en suivant le sentier de la zone de La Roccia à partir de la Contrada Peschio Cupo. Pour les plus aventureux, en revanche, le Tratturo Magno s'étend sur 244 km entre L'Aquila et Foggia.

ABRUZZES

ERMITAGE DE SAN BARTOLOMEO À LEGIO

ROCCAMORICE – PESCARA

Un petit lieu de culte chargé d'histoire se niche au cœur d'une spectaculaire paroi rocheuse, dans le parc national de la Majella. Cette falaise, marquée par des stries de couleurs variées, s'élève à environ 700 mètres d'altitude, surplombant le sauvage Vallone de Santo Spirito, l'un des nombreux canyons qui traversent cette région.

L'Ermitage de San Bartolomeo à Legio est un témoignage vivant de la tradition érémitique des Abruzzes. Restauré vers 1250 par Pietro del Morrone, après son voyage à Lyon pour demander au pape Grégoire X la reconnaissance de sa Congrégation des Célestins, ce lieu devint son refuge de prière favori.

Entre pierres brutes et fresques simples mais évocatrices, l'ermitage témoigne d'une foi humble et profonde. Né dans un petit village voisin, Pietro se consacra dès son jeune âge à la prière, gagnant une réputation de sainteté et de sagesse. En 1294, en pleine crise de l'Église, il fut élu pape sous le nom de Célestin V.

L'ermitage se compose de trois espaces distincts : la petite église, un vestibule et une pièce où vivaient probablement les ermites.

Le chemin pour y parvenir offre encore aujourd'hui une expérience spirituelle. Deux itinéraires principaux sont possibles : l'un depuis Decontra di Caramanico Terme, dans la vallée de l'Orfento, et l'autre depuis Macchie di Coco, dans la commune de Roccamorice.

Dans cette vallée et celles qui l'entourent, d'autres trésors attendent d'être découverts. Ainsi, « Eremo di San Bartolomeo in Legio » est une porte d'entrée idéale pour des aventures au cœur d'un patrimoine naturel et spirituel unique.

Infos pratiques

L'Ermitage est ouvert et se visite gratuitement toute l'année, mais l'accès se fait uniquement à pied par un chemin non aménagé pour les personnes handicapées.

© Aurore Lucas

D'autres lieux extraordinaires :

- **Sanctuaire de la Sainte Face à Manoppello :** Abrite la Sainte Face de Manoppello, une relique vénérée par les fidèles catholiques.
- **Bourg de Penne :** Village médiéval pittoresque avec un centre historique bien conservé, caractérisé par des ruelles étroites et des églises anciennes.
- **Bourg de Città Sant'Angelo :** Charmant village médiéval situé sur une colline, avec une vue panoramique sur la côte adriatique.
- **Musée delle Genti d'Abruzzo :** Situé à Pescara, ce musée offre un aperçu de la culture et des traditions des Abruzzes.

Comment se déplacer ?

En train : Trains à grande vitesse et trains régionaux entre les principales villes italiennes jusqu'à Pescara.

En bus : Transport régional suburbain assuré par la société TUA Spa.

À pied : Deux sentiers de randonnée mènent au sanctuaire à partir de Decontra di Caramanico Terme, dans la vallée de l'Orfento, ou de Macchie di Coco, dans la commune de Roccamorice.

ABRUZZES

CIVITELLA DEL TRONTO

CIVITELLA DEL TRONTO – TERAMO

En arrivant du nord, « Civitella del Tronto » apparaît soudain, comme une vision inattendue, perchée à 589 mètres d'altitude. Cette majestueuse cité fortifiée, nichée entre les collines verdoyantes des Abruzzes et les reliefs montagneux, abrite l'une des fortifications les plus imposantes d'Europe, s'étendant sur plus de 500 mètres.
Sa position stratégique, à la frontière entre le Royaume de Naples et les États pontificaux, en fit un avant-poste militaire de premier ordre, fortifié d'abord par les Angevins, puis par les Aragonais.
Au XVIe siècle, la ville résista héroïquement à un siège des troupes françaises menées par le duc de Guise, ce qui lui valut le titre de « Fidelissima » de la part du roi d'Espagne.
Pendant le « Risorgimento » (période de l'unification italienne), la forteresse de Civitella devint le dernier bastion bourbonien à tomber, capitulant en mars 1861, trois jours après la proclamation du Royaume d'Italie.
La forteresse domine le paysage avec ses murailles et bastions qui semblent se fondre dans la roche. Depuis ses hauteurs, la vue embrasse le Gran Sasso, les Monts de la Laga et, par temps clair, la mer Adriatique.
Civitella est aussi un symbole de résilience. Les tremblements de terre de 1703, 1959, et plus récemment ceux de 2016-2017, ont laissé des traces profondes. Pourtant, le village est en pleine reconstruction, déterminé à restaurer son âme historique et son charme d'antan.
En flânant dans ses ruelles pavées, on ressent une intense vitalité, entre les chantiers de rénovation et les ateliers artisanaux qui perpétuent les traditions locales.

Infos pratiques

Visite gratuite toute l'année.

© Aurore Lucas

D'autres lieux extraordinaires :

• **Teramo Vecchia :** Le centre historique pittoresque de Teramo, caractérisé par des églises anciennes, des palais historiques et des ruelles médiévales charmantes.

• **Castelli :** Réputée pour la production de céramiques artisanales, cette ville est célèbre pour ses ateliers de céramique et son musée consacré à l'art céramique local.

• **Sanctuaire de San Gabriele dell'Addolorata :** Une majestueuse basilique et une atmosphère spirituelle, un important lieu de pèlerinage catholique.

• **Atri :** Un charmant village perché avec un riche patrimoine historique et artistique, y compris la Cathédrale de Santa Maria Assunta et le Palais Ducal.

Comment se déplacer ?

En train : Trains régionaux entre la côte et Teramo.

En bus : Transport régional suburbain assuré par la société TUA Spa.

CB

MOLISE

MUSÉE DES « MISTERI »

CAMPOBASSO

À Campobasso, un musée préserve et célèbre l'une des traditions les plus ancrées de la ville : la Procession des Mystères, qui a lieu chaque année lors de la fête du Corpus Domini. Cet événement unique, dont les origines remontent au XVIIIe siècle, mêle foi et spectacle, transformant les rues de Campobasso en un véritable théâtre à ciel ouvert.

Les « Misteri » de Campobasso sont un trésor de représentations sacrées, une célébration de la foi et de l'artisanat. Ce sont de véritables « machines théâtrales » vivantes, où l'art et la tradition se conjuguent harmonieusement.

Vers 1750, l'artiste local Paolo Saverio Di Zinno révolutionna cette tradition en concevant les Mystères tels que nous les connaissons aujourd'hui. Il utilisa des structures en fer dotées de ramifications pour supporter les figurants, souvent des enfants incarnant anges, saints, diables et Madones (Vierge). Le résultat est une illusion saisissante de personnages suspendus dans les airs, donnant vie à une scène presque surnaturelle.

La préparation des Mystères mobilise toute la communauté. Travailler sur les structures, ajuster les costumes ou participer à l'Association des « Misteri e Tradizioni » est, pour de nombreux habitants, une manière de contribuer activement à cet événement. Dans les jours qui précèdent, l'effervescence gagne la ville : les familles des figurants se rassemblent, les commerçants décorent leurs vitrines, et toute Campobasso vit dans l'attente du grand jour.

Au-delà de son aspect religieux, les Mystères sont une fête qui rassemble croyants et non-croyants, jeunes et anciens, habitants et visiteurs. C'est un moment où les différences s'effacent pour laisser place à un sentiment d'unité, où chacun se sent partie prenante d'une communauté unique.

Infos pratiques

Le musée se visite du lundi au samedi de 16 h à 18 h.

Pour les visites en dehors de ces horaires, les jours fériés et pour les groupes, les réservations doivent être effectuées au moins 24 h à l'avance.

La dernière entrée au musée se fait 20 minutes avant la fermeture.

L'entrée est gratuite.

D'autres lieux extraordinaires :

- **Castello Monforte à Campobasso :** Offre une vue panoramique sur la ville de Campobasso et accueille souvent des événements culturels, des expositions d'art et des représentations théâtrales.
- **Parc archéologique d'Altilia, à Sepino :** Abrite des vestiges bien conservés d'une ancienne colonie romaine, notamment un amphithéâtre, des thermes et des habitations.
- **Sanctuaire de Santa Maria di Canneto, Roccavivara :** Un impressionnant sanctuaire roman se dresse sur les ruines d'un ancien temple païen.
- **Bourg de Ferrazzano :** Avec ses rues étroites et ses bâtiments en pierre, c'est un joyau au milieu des collines.

Comment se déplacer ?

En bus : Service de transport public extra-urbain géré par Trenitalia Spa et ATM Azienda di Trasporti Molisana S.p.A.

À vélo : Partez en VTT pour découvrir un morceau du Regio Tratturo, un circuit en boucle au départ de San Giuliano del Sannio.

À cheval : Découvrez les merveilles de la province avec des excursions à cheval dans la région de Colletorto.

MOLISE

FONDERIE PONTIFICALE DE CLOCHES MARINELLI

AGNONE – ISERNIA

Les cloches ont toujours occupé une place spéciale dans l'histoire : elles ne sont pas de simples instruments musicaux, mais les véritables voix des communautés. Des tintements qui rythment le temps aux appels solennels des célébrations religieuses, elles racontent des histoires, véhiculent des émotions et préservent des traditions. Et c'est à Agnone que se trouve l'un des lieux les plus fascinants de cet univers : la Fonderie Marinelli, la plus ancienne d'Italie et l'une des plus anciennes au monde.

Fondée il y a plus de mille ans, la Fonderie Marinelli est bien plus qu'un atelier d'art campanaire : c'est un sanctuaire de savoir-faire, transmis de génération en génération. Elle a traversé des périodes de difficulté et d'immenses satisfactions. Parmi elles, l'un des moments les plus marquants remonte à 1924, lorsque le pape Pie XI accorda à la famille Marinelli le privilège d'arborer les armoiries pontificales.

Ici, les cloches ne sont pas simplement façonnées selon des techniques artisanales ; elles naissent d'un processus qui marie les traditions médiévales ancestrales à une spiritualité profonde. Chaque cloche, forgée avec dévotion, possède une âme : elle est bénie avant la fusion et ornée à la main de motifs religieux et artistiques. Une anecdote ? Certaines des cloches les plus célèbres au monde, comme celles du Vatican, ont été créées ici ! Ne manquez pas l'occasion de visiter le musée, où vous pourrez explorer des ateliers chargés de poussière, humer l'odeur des métaux en fusion et écouter les échos magiques de ce son inimitable.

En rappelant les paroles de Jean-Paul II : « … chacun de nous porte en lui une cloche, cette cloche s'appelle le cœur, et ce cœur résonne, et j'espère qu'il résonnera toujours de belles mélodies… »

Infos pratiques

Pour les visites individuelles et familiales, ainsi que pour les visites guidées en langue étrangère, la réservation est indispensable.

Le billet plein tarif est de 9 € ; pour les enfants de 6 à 18 ans, le billet est réduit à 5 € ; entrée gratuite pour les enfants d'âge préscolaire.

© Archivio Fonderia Marinelli

D'autres lieux extraordinaires :

• **Château de Pandone à Venafro :** Une imposante forteresse médiévale offrant des vues panoramiques sur la ville et accueillant des expositions d'art et des événements culturels.

• **Réserve Naturelle Orientée de Collemeluccio-Montedimezzo :** Une zone protégée avec des paysages de collines, des forêts et des lacs, idéale pour les excursions.

• **Musée national paléolithique d'Isernia :** Expose des pièces archéologiques, dont les célèbres restes de l'homme d'Isernia.

• **Basilique mineure de l'Addolorata :** Un lieu d'une spiritualité extraordinaire, créé autour de l'événement évocateur des apparitions mariales de 1888.

Comment se déplacer ?

En bus : Service de transport public extra-urbain géré par SATI SPA.

À vélo : La nouvelle piste cyclable Sangro est en cours de réalisation, un parcours de 80 km qui relie les Abruzzes et le Molise.

MT

BASILICATE

CRIPTA DEL PECCATO ORIGINALE

MATERA

Non loin du centre de Matera, un véritable joyau se cache aux yeux du grand public : il s'agit de la Crypte du Péché Originel. Le véritable péché serait sans doute de ne pas visiter cette grotte, accrochée à la paroi d'une profonde vallée karstique, typique des provinces méridionales, appelée ici « gravina ».
Sa découverte est très récente et remonte à 1963, lorsque les membres du Circolo La Scaletta de Matera sont tombés sur elle. En entrant, ils ont découvert une série de fresques stupéfiantes, datant du IXe siècle. D'une complexité exceptionnelle, elles représentent des scènes bibliques de la Genèse, de la création à l'expulsion du paradis. Souvent comparée au plafond de la Chapelle Sixtine à Rome, mais bien entendu dans le contexte historique relatif, elle présente néanmoins une particularité que l'on ne trouve pas à Rome. En effet, ici, la poudre de lapis-lazuli, considérée trop coûteuse pour être utilisée par Michel-Ange, est présente. En revanche, le fruit défendu est un figuier et non une pomme. On peut donc voir clairement comment les fresques mêlent des éléments de la tradition byzantine avec des influences locales, offrant une contribution fondamentale à la connaissance des racines chrétiennes et artistiques de la région.
La restauration des fresques, commencée dans les années 1980, a permis de préserver et de valoriser ces extraordinaires peintures murales, restituant à la crypte son éclat original. Aujourd'hui, la « Cripta del peccato original » est visitable sur réservation, offrant aux visiteurs un voyage fascinant à travers l'histoire, l'art et la spiritualité du début du Moyen Âge.

Infos pratiques

Horaires spécifiques à chaque saison.
Plus d'informations sur https://www.criptadelpeccatooriginale.it/home
Plein tarif : 10,70 € / Tarif réduit : (entre 7 et 18 ans) 8,56 € / Gratuit pour les enfants jusqu'à 6 ans et les personnes handicapées.

Pour toute information et assistance aux personnes handicapées info@criptadelpeccatooriginale.it - + 39 3203345323

© fototeca Fondazione Zétema, Matera

D'autres lieux extraordinaires :

• **Casa Grotta di Vico Solitario :** Une maison-caverne-musée offrant un aperçu authentique de la vie quotidienne des familles materanes dans le passé.

• **Chiesa Rupestre di Idris :** L'une des églises rupestres les plus anciennes de la région, datant du IXe siècle.

• **Casa Noha :** Un musée multimédia proposant une immersion dans l'histoire et la culture des Sassi de Matera.

• **Parc Scultura La Palomba :** Un parc artistique en plein air abritant une vaste collection de sculptures contemporaines réalisées par des artistes de renommée internationale.

Comment se déplacer ?

En train : Trains à grande vitesse et régionaux entre les principales villes italiennes et Bari Centrale (Pouilles).

En bus : Depuis Bari Centrale, rendez-vous à la Piazza Aldo Moro à la gare des FAL, où des trains partent pour Matera Centrale.

À pied : 170 km en 7 étapes pour découvrir le riche patrimoine culturel des Pouilles et de la Lucanie sur le Cammino Materano.

BASILICATE

VILLAGE DE PIETRAPERTOSA

PIETRAPERTOSA – POTENZA

Ce pittoresque village, dont le nom dérive de « pietra » et « pertusa » (trouée), reflète son origine et sa position : les maisons sont en effet creusées directement dans la roche, créant une atmosphère unique et évocatrice.
En plus de sa beauté naturelle et architecturale, Pietrapertosa est célèbre pour ses anciens rites arboricoles, notamment la « Festa del Maggio » (Fête de Mai). Ce rituel, qui plonge ses racines dans les traditions païennes et préchrétiennes, célèbre la fertilité et la renaissance de la nature.
Le rituel consiste à choisir un arbre grand et robuste, généralement un chêne, qui est abattu dans les forêts environnantes et transporté au village. Pendant le transport, réalisé avec l'aide de bœufs et la participation joyeuse des habitants, l'arbre est décoré et préparé pour être érigé.
Une fois arrivé au village, le tronc est soulevé et fixé en position verticale au centre du village. Ce moment est accompagné de chants, de danses et de célébrations impliquant toute la communauté. La fête se poursuit avec des musiques traditionnelles, des banquets et d'autres manifestations folkloriques, célébrant la vie et la prospérité.
La Festa del Maggio de Pietrapertosa n'est pas seulement un événement folklorique, mais représente un lien fort entre les habitants et leur terre, un événement auquel il faut participer pour comprendre pleinement l'esprit du village.

Infos pratiques

Accès :
Libre et gratuit sans limitations. Les célébrations de la Fête du Mai ont lieu en juin.

© Adobe Stock - SeanPavonePhoto

D'autres lieux extraordinaires :

- **Château de Monteserico :** Situé sur une colline panoramique, il offre une vue imprenable sur la campagne environnante et sur les Petites Dolomites Lucanes.
- **Vol de l'Ange :** Un vol palpitant en tyrolienne suspendu entre les vallées des Petites Dolomites Lucanes.
- **Venosa :** La ville d'Horace, avec le parc archéologique et le musée archéologique national.
- **Grancia de Brindisi di Montagna :** Un complexe rural pittoresque datant du XIIIe siècle, comprenant une grange, un moulin à eau et d'autres bâtiments, désormais convertis en musée agricole.

Comment se déplacer ?

En train : Arriver à Potenza avec les chemins de fer d'État (via Foggia ou via Taranto) ou avec les trains des Ferrovie Appulo Lucane, puis continuer en bus ou en voiture.

En bus : Une fois à Potenza, poursuivre avec les autocaristes Renna pour arriver à Pietrapertosa.

À pied : « Basilicata Coast To Coast » est un itinéraire en 9 étapes à travers les villages fantômes et les rues perdues.

CAMPANIE

OASIS DU LAC DE CONZA

CONZA DELLA CAMPANIA – AVELLINO

Il arrive parfois qu'une zone agricole se transforme en un véritable paradis naturel. C'est précisément ce qui s'est produit ici, dans les années 1970, suite à la construction d'un barrage sur le fleuve Ofanto, donnant naissance à un lac artificiel. Cette zone de près de 800 hectares a ensuite été déclarée protégée pour favoriser sa naturalisation, avec un minimum d'interventions humaines.

Le WWF a pris en charge la gestion de l'Oasis du Lac de Conza, l'une des plus vastes zones humides de Campanie, qui est devenue au fil du temps une étape cruciale pour de nombreuses espèces d'oiseaux migrateurs. Au printemps et en automne, on peut y observer le passage de grues, de rapaces, de canards, et surtout de cigognes, vedettes d'un projet de réintroduction, qui trouvent ici un refuge sûr avant de reprendre leur long voyage. Un lieu rêvé pour les amateurs de birdwatching.

L'oasis propose également de nombreux sentiers serpentant à travers forêts, prairies et zones humides, permettant aux visiteurs de découvrir la riche biodiversité de cet écosystème. On peut y admirer des plantes aquatiques telles que des nénuphars et des joncs, ainsi que croiser une faune variée, comprenant renards et blaireaux.

Un centre d'accueil bien équipé offre des parcours éducatifs, des visites guidées pour profiter pleinement de la beauté environnante, des observatoires animaliers et des espaces de détente. Une destination idéale pour passer une journée enrichissante et sereine en pleine nature.

Infos pratiques

Horaires d'ouverture :
Ouvert le dimanche et les jours fériés de 9 h 30 à 17 h 30

Plein tarif : 5 €
Tarif avec visite guidée : 7 € (au moins 10 participants sur réservation)
Gratuit pour les enfants jusqu'à 5 ans

Accessible aux personnes handicapées.

© Adobe Stock - Piotr Krzeslak

D'autres lieux extraordinaires :

- **Sanctuaire de Montevergine :** Un important lieu de pèlerinage avec une vue panoramique à couper le souffle sur la vallée.
- **Laceno, bagnoli Irpino :** Un lac de montagne pittoresque entouré de forêts de hêtres et de sapins, idéal pour les randonnées, les pique-niques et les sports nautiques pendant l'été.
- **Bourg de Montella :** Bâtiments anciens et riche tradition vinicole et gastronomique, célèbre pour son vin Aglianico et ses produits laitiers.
- **Musée Irpino :** Expose des pièces archéologiques, de l'art sacré et des œuvres d'art contemporaines de la région.

Comment se déplacer ?

En train : Trains à grande vitesse et régionaux depuis les principales villes vers Salerno.

En bus : Service de transport dans la province d'Avellino assuré par AirCampania.

À vélo : La Ciclovia dei Borbone, entre Naples et Bari.

À pied : Plusieurs itinéraires thématiques traversent l'Oasis, avec départ depuis le Centre Visite.

CAMPANIE

BN

BOURG DE SANT'AGATA DE' GOTI

SANT'AGATA DE' GOTI – BÉNÉVENT

Arriver à Sant'Agata de' Goti est un véritable spectacle pour les yeux : un village perché sur une terrasse de tuf, entouré des montagnes du Sannio, qui semble suspendu dans le temps. Ses origines remontent à l'époque samnite, et même Virgile en parle dans l'Énéide, se référant à ce village sous le nom de Saticula (ainsi appelé à l'origine).

Le nom Sant'Agata de' Goti a évolué au fil des siècles. Au VIIIe siècle, la ville longobarde fut dédiée à la « santa Catanase », tandis que la deuxième partie du toponyme, « de' Goti », apparut avec les Normands, lors de l'arrivée des seigneurs de la famille Drengot, un nom qui se transforma ensuite en De-Goth, puis en de' Goti. L'aspect architectural actuel reflète cet enchevêtrement d'époques, avec des témoignages de l'architecture longobarde, normande et renaissante qui se mêlent harmonieusement.

L'une des plus grandes attractions du village est de se perdre dans ses ruelles pavées, où les anciennes maisons en pierre côtoient des palais élégants et des églises d'une beauté extraordinaire. Ne manquez pas la cathédrale, dédiée à « Santa Maria Assunta », avec son incroyable mosaïque médiévale. Puis, il y a le pont sur le Martorano : un chef-d'œuvre architectural offrant une vue spectaculaire sur la vallée en contrebas.

Mais le véritable secret de Sant'Agata réside dans son atmosphère. Chaque coin raconte des histoires, entre boutiques artisanales, saveurs authentiques, comme le vin Aglianico, qui est une quiétude qui invite à la réflexion. Un joyau qui semble avoir été conçu pour voler votre cœur.

Infos pratiques

Accès libre et gratuit.

© Adobe Stock - Sergey

D'autres lieux extraordinaires :

- **Théâtre romain de Bénévent :** Datant du IIe siècle après J.-C., avec une histoire fascinante et une architecture impressionnante.
- **Rocca dei Rettori :** Imposante forteresse médiévale située au cœur de Bénévent, dotée de tours majestueuses et d'un musée exposant des objets archéologiques et des œuvres d'art.
- **L'arc de Trajan :** Un imposant arc de triomphe romain, l'un des plus grands et des mieux conservés au monde.
- **Terme di Telese :** Complexe thermal réputé pour ses eaux sulfureuses bienfaisantes et son architecture néoclassique.

Comment se déplacer ?

En train : Trains régionaux de Naples et autres destinations vers Caserta.

En bus : Service dans la province assuré par Trotta Bus Services S.p.A.

À vélo : La piste cyclable Eurovelo 9 traverse le territoire, reliant la mer Baltique à la mer Adriatique.

CAMPANIE

LA REGGIA DE CASERTA

CASERTE

Bijou du patrimoine et triomphe du baroque italien, la « Reggia di Caserta » est une construction véritablement immense. Imaginez qu'elle couvre plus de 45 000 mètres carrés, avec 4 cours intérieures. Elle prend la forme d'un rectangle de 250 mètres de long sur 200 mètres de large, mais c'est un palais très haut, plus de 40 mètres, qui se développe sur 5 étages. Il contient plus de 1 000 pièces, ainsi que 34 escaliers monumentaux et 1 742 fenêtres.
Conçue par l'architecte Luigi Vanvitelli sur ordre de Charles de Bourbon au XVIIIe siècle, elle avait pour objectif d'héberger la résidence des souverains du Royaume de Naples, l'une des familles les plus puissantes de l'époque, qui y vécut jusqu'à l'unité de l'Italie en 1861. En même temps, elle visait à rivaliser avec Versailles et à se mesurer aux plus imposants palais d'Europe.
Une fois le seuil franchi, on entre dans la majestueuse galerie qui traverse tout le bâtiment, permettant dès l'entrée d'apercevoir le magnifique parc qui l'entoure, dans un effet de perspective étudié, une sorte d'effet de télescope qui met la nature en valeur dans l'architecture.
Une série nombreuse de fontaines orne les 3 kilomètres d'extension du parc, pour un volume total d'environ 3 millions de litres d'eau. L'eau, acheminée depuis 38 kilomètres de distance grâce à une autre œuvre ingénieuse de Vanvitelli : l'aqueduc Carolino.
Ces chiffres contribuent à faire de la Reggia di Caserta l'une des résidences royales les plus imposantes et spectaculaires d'Europe. Un patrimoine mondial de l'UNESCO, et la visiter, c'est comme vivre une page de l'histoire de l'Italie.

Infos pratiques

Horaires spécifiques à chaque saison. Plus d'informations sur https://reggiadicaserta.cultura.gov.it/

Ensemble du parc + appartements : 18 €
Plein tarif (entre 18 et 24 ans) 2 €
Gratuit jusqu'à 18 ans

© Adobe Stock - robertonencini

D'autres lieux extraordinaires :

- **Sessa Aurunca :** Une ancienne ville romaine avec un centre historique riche en histoire et en monuments.
- **Real Belvedere di San Leucio :** Complexe monumental qui allie art, industrie et nature, avec une usine de soie historique et des jardins à l'anglaise.
- **Amphithéâtre de Campano :** Le deuxième plus grand amphithéâtre d'Italie, avec une histoire riche et une atmosphère évocatrice qui nous transporte à l'époque de l'Empire romain.
- **Lac Matese :** Situé dans les montagnes, le lac offre des paysages enchanteurs et la possibilité de pratiquer des activités de plein air.

Comment se déplacer ?

En train : Trains à grande vitesse pour Caserte, ou Napoli Centrale et Napoli Afragola.
Reggia Express : permet d'arriver au Palais royal de Caserte à bord d'un train historique de la Fondation FS (Ferrovie dello Stato).

En bus : Descendez à l'arrêt "Caserta – Stazione FS". Il suffit alors de traverser la Piazza Carlo di Borbone, la place en face de la Reggia di Caserta.

À vélo : Il est possible de louer des vélos pour profiter pleinement du parc de la Reggia.

CAMPANIE

POMPEI

POMPEI - NAPLES

Un empire immense et durable qui a régné sur une grande partie de l'Europe pendant plus de sept siècles, laissant derrière lui des ruines disséminées dans tous les coins du continent, souvent difficiles à imaginer dans leur splendeur d'autrefois. Mais à Pompéi, l'imagination est soutenue par l'incroyable qualité des vestiges figés dans le temps par les extraordinaires circonstances de l'éruption de 79 apr. J.-C.
La ville de Pompéi s'épanouissait au pied du mont Somma, entourée de terres fertiles, et atteignit sous l'empereur Auguste son aspect raffiné, devenant un lieu de prédilection pour l'aristocratie romaine. La cité était à son apogée lorsque la nature mit brutalement fin à sa gloire en quelques heures. Les chroniques de l'époque relatent cette éruption dévastatrice, avant qu'elle ne tombe dans l'oubli pendant près de 1 500 ans.
À la fin du XVIIIe siècle, le futur Charles III d'Espagne, alors roi de Naples, chargea un ingénieur militaire espagnol, Roque Joaquín de Alcubierre, de mener des fouilles dans la région, marquant les premiers efforts aventureux pour redécouvrir ce passé fascinant.
Aujourd'hui, marcher dans les rues pavées de Pompéi, c'est revivre avec une vivacité troublante le quotidien d'une époque étonnamment proche de la nôtre. On peut s'imaginer descendre dans la rue pour se rendre chez le boulanger et admirer le four de son échoppe, lire sur les murs les graffitis des candidats aux élections, ou encore rejoindre les thermes, lieu de rendez-vous incontournable de la société romaine. En continuant, on peut pénétrer dans l'intimité des péristyles des demeures patriciennes, tournées vers l'intérieur, ou encore être surpris par les représentations explicites dans les lupanars animés.
Une expérience puissante, qui éblouit à la fois les yeux et l'âme.

Infos pratiques

Horaire d'hiver 9 h-17 h
Horaire d'été 9 h-19 h

Le prix varie de 8 à 26 € en fonction des monuments inclus. Des réductions sont possibles pour différents groupes de visiteurs.

Billets sur www.ticketone.it

Pour une visite accessible, contacter : Bureau d'information : +39 081 8575 347

© Adobe Stock - dbvirago

D'autres lieux extraordinaires :

- **Île de Procida :** Enchante avec ses maisons aux couleurs pastel et le pittoresque village de pêcheurs de la Corricella.
- **Palais Royal de Portici :** Résidence bourbonienne du XVIIIe siècle, entourée du Jardin botanique de la Faculté d'Agronomie et abritant le Musée Herculanense.
- **Stations de l'Art de Naples :** Des œuvres d'art tridimensionnelles créées par des artistes de renommée internationale dans les stations de la ligne 6 du métro.
- **Chartreuse de San Martino et Castel Sant'Elmo :** Un joyau baroque avec des cloîtres ornés de fresques et une vue panoramique à 360 degrés sur la ville et le Vésuve.

Comment se déplacer ?

En train :
Porta Marina, Piazza Esedra :
- Circumvesuviana Naples-Sorrento (arrêt Pompéi Villa dei Misteri)
- Piazza Anfiteatro : Circumvesuviana Naples-Poggiomarino (arrêt Pompeii Santuario)
- Train FS Naples-Salerne (arrêt Pompéi)

En bus :
- SITA de Naples et Salerne
- BUSITALIA Campania n. 4 de Salerne
- BUSITALIA Campania n. 50 celere de Salerne (via l'autoroute)

CAMPANIE

NA

BAIA, LA VILLE SUBMERGÉE

BACOLI – NAPLES

La baia pourrait ressembler à un récit sur l'Atlantide légendaire, sauf qu'ici tout est tangible et bien réel. Où peut-on visiter les vestiges d'une ancienne cité romaine au cœur d'une zone marine protégée ? Oui, marine, tu as bien lu : ici, la mer se mêle à la splendeur des mosaïques romaines, dissimulées sous quelques centimètres de sable à environ 7 mètres de profondeur. Ce sont les caprices de la nature qui ont transporté ces vestiges sous l'eau, via le phénomène de bradyséisme, un lent et périodique affaissement du sol causé par les mouvements des chambres magmatiques souterraines.

Jusqu'au IIIe siècle après J.-C., l'aristocratie romaine et la famille impériale avaient fait de Baia leur refuge privilégié, attirées par son climat doux. À l'époque, une baie naturelle, autrefois occupée par un lac relié à la mer via un canal, était bordée d'innombrables villas, chacune dotée de ports privés et de viviers.

Quelques décennies seulement après sa splendeur, les premiers signes de mouvements du sol apparurent, entraînant un lent déclin et l'abandon progressif de la zone, avant que les bâtiments ne sombrent dans la mer.

Aujourd'hui, plusieurs itinéraires permettent d'explorer ces merveilles depuis la surface, grâce à des excursions en canoë ou en bateau, ou encore en plongeant avec masque et tuba ou bouteilles. L'un des sites les plus visités est le Nymphée submergé, dont une reproduction est exposée au Château de Baia, abritant le musée archéologique. C'est ici qu'en 1969 furent découverts par hasard les protagonistes de la célèbre scène de l'ivresse de Polyphème : Ulysse tendant une coupe de vin au Cyclope, tandis qu'un de ses compagnons en verse depuis une outre. Un voyage unique où l'histoire et la mer s'entrelacent dans une harmonie stupéfiante.

Infos pratiques

La visite est possible en contactant l'un des prestataires sur le site officiel www.parcoarcheologicodibaia.it, en choisissant le type d'activité, les modalités et les prix directement avec eux.

© Edoardo Ruspantini

D'autres lieux extraordinaires :

- **Le Vésuve :** Il domine le paysage environnant et il est possible de faire une randonnée jusqu'à son cratère pour avoir une vue imprenable sur la baie de Naples.
- **Naples souterraine :** Un voyage sous la surface de la ville offre une perspective unique sur l'histoire, avec des tunnels, des citernes et des cavités creusées dans le tuf.
- **Musée archéologique national de Naples :** Il abrite une vaste collection de pièces archéologiques provenant de Pompéi, d'Herculanum et d'autres régions.
- **Capri :** Cette île enchanteresse est célèbre pour ses grottes marines, ses falaises à couper le souffle et ses jardins de citronniers luxuriants.

Comment se déplacer ?

En train : Trains à grande vitesse et trains régionaux entre les principales villes italiennes et Naples.

En bus : Service de transport public urbain dans la ville géré par Eav srl - Autolinee Division - avec des liaisons pour Pouzzoles.

CAMPANIE

SA

RÉSERVE NATURELLE VALLE DELLE FERRIERE

SCALA – SALERNE

Si nous écrivons « Côte Amalfitaine », on pense immédiatement aux villages perchés sur les falaises et à la mer qui les reflète dans la lumière d'un coucher de soleil limpide. Mais l'arrière-pays réserve lui aussi des surprises fascinantes. Nous parlons d'un paradis perdu, qui évoque davantage les jungles luxuriantes d'Henri Mouhot, riches en biodiversité, avec des cascades spectaculaires et des sentiers de randonnée : la « Valle delle Ferriere ». Le protagoniste de ce tableau est un vallon profond et verdoyant situé sur le territoire de Scala, qui rejoint celui d'Amalfi 6 kilomètres plus bas. Ce cours d'eau a longtemps été un précieux allié de l'homme, servant à irriguer les terres et à fournir l'énergie nécessaire aux usines préindustrielles, spécialisées notamment dans le travail du fer, d'où son nom de Ferriere. Un peu plus bas, on découvre d'anciennes papeteries, elles aussi alimentées par l'eau. Mais à quoi ressemblait le paysage à l'époque de cette intense production ? Un fragment nous en est restitué par l'aquarelle de Thomas Ender. Le fer arrivait principalement de l'île d'Elbe, avant d'être redistribué depuis le port efficace d'Amalfi.

Vers le milieu du XVIIIe siècle, le marché connut un rapide déclin, rendant la vallée à la nature. Celle-ci ne tarda pas à émerveiller les voyageurs romantiques du Grand Tour.

C'est ici que se manifeste un phénomène unique : l'inversion de la végétation. Les courants chauds et humides venant de la mer s'infiltrent dans la vallée, créant un contraste saisissant. Ainsi, la végétation méditerranéenne s'accroche aux parois supérieures, tandis qu'au fond de la vallée prospèrent des plantes aimant la fraîcheur. Parmi elles règnent d'anciennes fougères comme la « Woodwardia radicans », qui peut atteindre 3 mètres de hauteur, ainsi que de magnifiques plantes carnivores et médicinales. Un véritable Éden à explorer.

Infos pratiques

Accès libre et gratuit.

L'itinéraire a deux points de départ : Pontone ou Amalfi. Le parcours est d'environ 7-8 km. Le sentier est glissant par endroits et comporte quelques montées plus difficiles. On peut s'y rendre à pied en 30 minutes environ depuis Amalfi.

© Adobe Stock - pfeifferv

D'autres lieux extraordinaires :

- **Paestum :** Ce site archéologique contient des temples grecs anciens bien conservés, comme le temple de Neptune, et offre un aperçu de l'histoire de l'ancienne Grande Grèce.
- **Villa Rufolo à Ravello :** Entourée de magnifiques jardins offrant une vue panoramique sur la côte amalfitaine, elle est célèbre pour ses concerts d'été en plein air.
- **Château de Arechi à Salerne :** Situé sur une colline surplombant la ville, ce château médiéval offre des vues spectaculaires et accueille des expositions et des événements culturels.
- **Cetara - Côte amalfitaine :** Célèbre pour la production de la « colatura di alici », Une sauce de couleur ambrée obtenue à partir de fermentation d'anchois.

Comment se déplacer ?

En train : Trains à grande vitesse et trains interurbains depuis les principales villes italiennes jusqu'à Naples et Salerne.

En bus : Les navettes estivales partent de la gare routière d'Amalfi et arrivent à destination en 30 minutes environ.

En bateau : De Naples à Positano et Amalfi par la compagnie Positano Jet - info +39 366 752 9243

À pied : D'autres itinéraires de randonnée dans la péninsule sont le Sentiero degli Dei, le Sentiero delle Valli et le Monte Faito.

En canoë : L'un des plus beaux littoraux d'Italie sous un angle spectaculaire : une grande mer bleue sur la côte amalfitaine.

CZ

CALABRE

PARC NATIONAL DE LA SILA

CATANZARO – COSENZA – CROTONE

Avec ses près de 74 000 hectares, le Parc national de la Sila étonne par son mélange unique d'ambiances nordiques et méridionales. Ici, les paysages rappellent des horizons bien plus septentrionaux, comme l'Alpe de Siusi ou la Scandinavie, tout en gardant une identité profondément méditerranéenne. Ce qui frappe, c'est l'harmonie avec laquelle le panorama évolue, mêlant diversité et douceur.

Plutôt qu'une chaîne de montagnes classique, la Sila se présente comme un haut plateau ondulé, où les sommets ne dépassent pas les 2 000 mètres. Cette configuration permet aux forêts de dominer largement, même sur les cimes. Dans la Sila Piccola, les forêts de sapins blancs embaument l'air de leurs effluves résineux, tandis qu'à Fallistro, les imposants pins laricio, des véritables géants captivent par leur hauteur de 45 mètres et leur longévité exceptionnelle de plus de 300 ans.

Parmi les habitants de cette nature luxuriante, l'écureuil méridional, une espèce distincte de son cousin plus commun, attire l'attention. Mais ce n'est pas tout : le parc abrite une multitude d'autres mammifères, oiseaux et invertébrés qui enrichissent cet écosystème unique.

Pour découvrir ces merveilles, rien de tel que d'explorer les sentiers à pied ou en VTT, ou encore de prendre place dans un train à vapeur historique. Ce convoi nostalgique relie Moccone à San Nicola Silvana Mansio, culminant à plus de 1 400 mètres d'altitude, au sein de la gare à voie étroite la plus haute d'Europe. Ce voyage hors du temps offre une occasion rêvée de s'imprégner de la nature environnante et de tomber amoureux de la Sila et de son charme enchanteur.

Infos pratiques

Les portes d'entrée du parc sont Longobucco et San Giovanni in Fiore, dans la province de Cosenza. Le centre d'accueil provincial se trouve à Taverna (CZ).

© Adobe Stock - Dionisio Iemma

D'autres lieux extraordinaires :

- **Soverato Marina :** Charmante station balnéaire sur la côte ionienne, avec des plages dorées et des eaux cristallines, idéale pour se détendre et pratiquer des activités nautiques.
- **Squillace :** Ancien village perché sur les collines, célèbre pour sa céramique artistique et ses panoramas époustouflants sur la côte.
- **Parc archéologique de Scolacium :** Admirer les vestiges d'une ancienne cité grecque, avec un théâtre, un amphithéâtre et un temple.
- **Lido di Copanello :** Plage pittoresque située près de Catanzaro, bordée de falaises blanches et riche en services touristiques, parfaite pour une journée au bord de la mer.

Comment se déplacer ?

En train : Trains régionaux entre les principales villes italiennes jusqu'à Lamezia Terme et Catanzaro Lido.

En bus : Service de transport public géré par Autolinee Federico Spa.

À vélo : Parcourez l'aventureuse Ciclovia dei Parchi della Calabria, 545 km d'émerveillement authentique.

À pied : Suivez les étapes du Sentiero Italia dans la région, 81 km entre Caporosa et Lorica (siège du parc).

CALABRE

PARC NATIONAL DU POLLINO

COSENZA – POTENZA – MATERA

Dominant les deux mers, la mer Ionienne et la mer Tyrrhénienne, le Parc national du Pollino s'étend majestueusement sur près de 200 000 hectares, formant une véritable frontière naturelle le long de la crête des Apennins. Ce massif imposant est une terre où la nature règne en maître, marquée par des siècles de traditions humaines profondément enracinées.

Autrefois, seuls les bergers osaient s'aventurer dans ces terres âpres et reculées. Ce même refuge accueillit, en 1534, des populations albanaises fuyant l'invasion des Turcs musulmans. Ces communautés trouvèrent ici un foyer et préservèrent jalousement leur culture, visible aujourd'hui encore dans les pratiques religieuses et le folklore local, notamment au musée ethnique de Civita.

Le pin de Bosnie, ou Pino Loricato, est le symbole de cette région et de la résilience de ses habitants. Cet arbre rare pousse souvent sur les roches les plus inaccessibles, sculptées par les vents, offrant des silhouettes à la fois étranges et majestueuses. Chaque pin semble défier le temps, créant de véritables monuments naturels.

Au cœur de cette nature exubérante, des villages pittoresques émergent, chacun dévoilant un charme unique. Et mérite d'y jeter un œil. Comme Orsomarso, dissimulé dans les montagnes ; Scalea, célèbre pour sa tour de guet médiévale ; Mormanno, renommé pour ses biscuits, une douceur locale emblématique ; Laino Castello, un village fantôme chargé d'histoire et Morano Calabro, une véritable « crèche vivante » avec ses maisons accrochées à la colline, surplombées par les vestiges du château normand-souabe.

Le Pollino est un territoire vaste et complexe, une terre à explorer pas à pas, pour s'imprégner de sa puissance et de son mystère. Seule une visite peut en révéler toute la profondeur.

Infos pratiques

Du côté calabrais, les portes du parc sont San Lorenzo Belizzi et Mormanno. Rotonda abrite l'écomusée du parc.

© Adobe Stock - Antonel

D'autres lieux extraordinaires :

- **Centre historique de Cosenza :** Avec ses ruelles étroites, ses places historiques et ses bâtiments médiévaux bien conservés, il offre une expérience authentique au cœur de la Calabre.
- **Praia a Mare :** Village, célèbre pour sa plage et l'île de Dino, un paradis pour les plongeurs et les amateurs de snorkeling.
- **Sanctuaire de San Francesco di Paola :** Situé sur les collines près de Paola, ce majestueux sanctuaire dédié au saint patron de la Calabre offre des vues panoramiques et une atmosphère spirituelle.
- **Altomonte :** Village médiéval riche en histoire et en charme, avec ses églises anciennes, ses palais nobles et ses rues étroites et pavées.

Comment se déplacer ?

En train : Les gares de Cosenza et de Castiglione Cosentino sont bien reliées à la gare centrale de Paola, elle-même reliée à Rome et à Milan par des trains interurbains et des trains Frecciarossa.

En bus : Service de transport public géré par le Consorzio Autolinee TPL.

À pied : L'itinéraire de Saint François de Paola relie les deux lieux les plus importants de la jeunesse de François, San Marco Argentano et Paola.

En canoë : Il est possible de parcourir les 50 km du fleuve Lao ou de se consacrer à quelques tronçons plus faciles.

CALABRE

KR

L'ÎLES DE CAPO RIZZUTO

ISOLA DI CAPO RIZZUTO – CROTONE

L'île de Capo Rizzuto s'étend le long d'un littoral parsemé de plages aux eaux cristallines et de lieux chargés d'histoire. Son nom peut prêter à confusion, car ce n'est pas une île, mais un promontoire. Les traces de présence humaine remontent à l'âge du Bronze, et des vestiges historiques témoignent du passage des Grecs, des Romains et des Byzantins, époque où le village était connu sous le nom d'« Asylon ». Ce terme, signifiant « refuge », révèle que la région accueillait des persécutés politiques en quête d'asile.

La destination offre des plages magnifiques, allant des plus équipées, avec parasols et services, aux criques sauvages et préservées, comme celles situées entre Punta Cimiti et Capo Rizzuto. Non loin de là, les ruines du château aragonais de Le Castella, devenu un symbole de la région, semblent surgir des profondeurs marines, offrant un décor enchanteur pour admirer d'innombrables couchers de soleil.

Cette forteresse, conçue à des fins militaires et non comme résidence seigneuriale, dévoile à ses visiteurs des panoramas spectaculaires sur la côte environnante. En 1991, la Réserve naturelle marine « d'Isola di Capo Rizzuto » a été créée, mettant en lumière l'importance de ses prairies de posidonies et de sa riche faune sous-marine.

Enfin, pour les passionnés de plongée, plusieurs épaves attendent d'être explorées et immortalisées, comme celle du navire Gunny, reposant à quelques dizaines de mètres de profondeur. Une destination qui ravira autant les amateurs de détente que les adeptes de sports aquatiques.

Infos pratiques

Accès libre toute l'année.
Le long de la côte, il existe des zones de conservation de la nature marquées où l'accès n'est pas possible.

D'autres lieux extraordinaires :

- **Cirò :** Célèbre pour son vin rouge, Cirò offre un charmant centre historique et la possibilité de visiter les caves à vin locales.
- **Musée archéologique national de Crotone :** Conserve et expose des pièces archéologiques provenant de la ville de Crotone et de ses environs.
- **Santa Severina :** Également connue sous le nom de « la ville aux cent braves », cette ancienne ville médiévale est célèbre pour son centre historique bien préservé.
- **Palumbosila :** Lac d'origine karstique dans un paysage montagneux, idéal pour la randonnée, la détente et même les sports d'hiver.

Comment se déplacer ?

En train : Trains régionaux jusqu'à Crotone.

En bus : Service de transport public géré par Autolinee Romano.

CALABRE

RC

BRONZES DE RIACE

REGGIO DE CALABRE

Depuis le VIIIe siècle av. J.-C., les Grecs ont colonisé la partie méridionale de la péninsule italienne, apportant avec eux leur riche culture et leurs traditions. C'est ainsi que naquit la magnifique civilisation de la Grande Grèce, qui prospéra dans les provinces du sud.

Durant cette période historique, de nombreux témoignages architecturaux, diverses statues et décorations en pierre nous sont parvenus, mais très peu de statues en bronze. Parmi ces rares œuvres, deux chefs-d'œuvre se détachent, trouvés ensevelis au fond de la mer Ionienne. La chance n'a pas été clémente pour ces œuvres transportées sur un bateau à travers les eaux bleues. Probablement à cause d'une tempête, ou par peur du jugement des dieux pour un vol, il semble que le trésor ait été jeté à l'eau. Elles y restèrent jusqu'à leur découverte par un plongeur, en août 1972.

Devenues des icônes de l'archéologie mondiale, les Bronzes de Riace sont aujourd'hui exposés au Musée archéologique de Reggio de Calabre. De nombreuses questions se posent pour les visiteurs et les chercheurs concernant leur origine, ce qu'ils représentent et qui sont les sujets. Ils étaient probablement deux guerriers, dont les boucliers et les lances n'ont jamais été retrouvés, mais il est fort probable qu'ils aient été réalisés en Grèce par les artistes les plus talentueux du Ve siècle av. J.-C.

Les Bronzes, deux hommes forts, mais d'âges différents, se montrent aujourd'hui au monde, si parfaits dans leurs corps athlétiques qu'ils semblent irréels, ouvrant un monde sur la culture et les émotions de cette époque lointaine.

Infos pratiques

Ouvert du mardi au dimanche de 9 h à 20 h. Fermé le lundi.

Plein tarif : 10 €
Tarif réduit : 2 €

Attention : assurez-vous que la salle des bronzes est ouverte avant de vous rendre au musée.

D'autres lieux extraordinaires :

- **Ancienne Kaulon :** Ancienne colonie grecque de la Magna, elle conserve les ruines de temples, de maisons et de murailles, ainsi qu'une nécropole.
- **Scilla et Chianalea :** Avec leurs maisons colorées donnant sur la mer et leurs bateaux de pêche traditionnels, ces villages offrent une atmosphère authentique et enchanteresse.
- **Bourg de Gerace :** Célèbre pour son centre historique bien préservé, ses rues médiévales étroites et sa majestueuse cathédrale normande.
- **Musée archéologique national de Locri Epizefiri :** Il abrite une vaste collection de pièces archéologiques provenant de l'ancienne ville.

Comment se déplacer ?

En train : Trains à grande vitesse et régionaux reliant les principales villes italiennes à Reggio de Calabre.

En bus : Depuis la gare centrale, plusieurs lignes de bus urbains desservent le musée : lignes 5, 6, 7, 10, 11, 14, 17, 18, 103, 107, 115, 119, 121, 122, 123, 124.

À pied : Le « Sentiero dell'inglese » (sentier de l'Anglais) est une promenade évocatrice de sept jours dans une terre d'autrefois, entre villages grecs enchanteurs, majestueuses oliveraies séculaires et fascinants Fiumare (fleuves).

CALABRE

CAPO VATICANO

CAPO VATICANO – VIBO VALENTIA

Sur la côte tyrrhénienne de la Calabre, là où la mer et le ciel se rejoignent dans une étreinte chromatique inoubliable, se dresse Capo Vaticano. Ce promontoire, avec ses falaises vertigineuses et ses criques cachées, charme les visiteurs depuis des siècles.
Ce joyau géologique, façonné par le temps et les éléments, se distingue par son granit blanc-gris unique, poli par le vent et l'eau. Ses reflets lumineux évoluent au fil des heures, créant un spectacle naturel enchanteur. En raison de sa proximité avec le dangereux détroit de Messine, la légende raconte que les marins y faisaient halte pour consulter un oracle, espérant obtenir la faveur des dieux avant de braver les redoutables monstres de la mythologie grecque : Scylla et Charybde.
Parmi les plages les plus célèbres figurent la Grotta Azzurra, la Praia di Fuoco et la Baia di Tono. Les amateurs de randonnée et de nature seront également comblés, car Capo Vaticano regorge de sentiers menant à des panoramas à couper le souffle. Vous pourrez y admirer une flore et une faune locales préservées, vous immerger dans une nature intacte et savourer un silence ponctué uniquement par le bruit des vagues.
Capo Vaticano est une expérience à vivre intensément. L'azur profond de la mer, le parfum envoûtant de la végétation méditerranéenne, le goût des produits locaux, comme le piment juteux à le doux oignon de Tropea et la chaleur de l'accueil calabrais sont autant d'aspects qui rendront votre visite inoubliable.

Infos pratiques

Accès gratuit toute l'année.

© Adobe Stock - Polonio Video

D'autres lieux extraordinaires :

- **Tropea :** Connue pour ses plages enchanteresses et ses eaux cristallines, Tropea est également célèbre pour sa vieille ville médiévale perchée sur une falaise.
- **Pizzo :** Ce charmant village de bord de mer est réputé pour son château aragonais et sa glace à la truffe, une spécialité locale.
- **Sanctuaire de Santa Maria dell'Isola :** Situé sur une petite île rocheuse au large de Tropea, ce sanctuaire offre des vues à couper le souffle.
- **Serra San Bruno :** Patrie de la Certosa (Chartreuse), un complexe monastique de grande valeur historique et artistique.

Comment se déplacer ?

En train : Trains régionaux à destination de Vibo Valentia.

En bus : Service de transport public offert par le service Vibo in Bus.

POUILLES

POLIGNANO A MARE

POLIGNANO A MARE – BARI

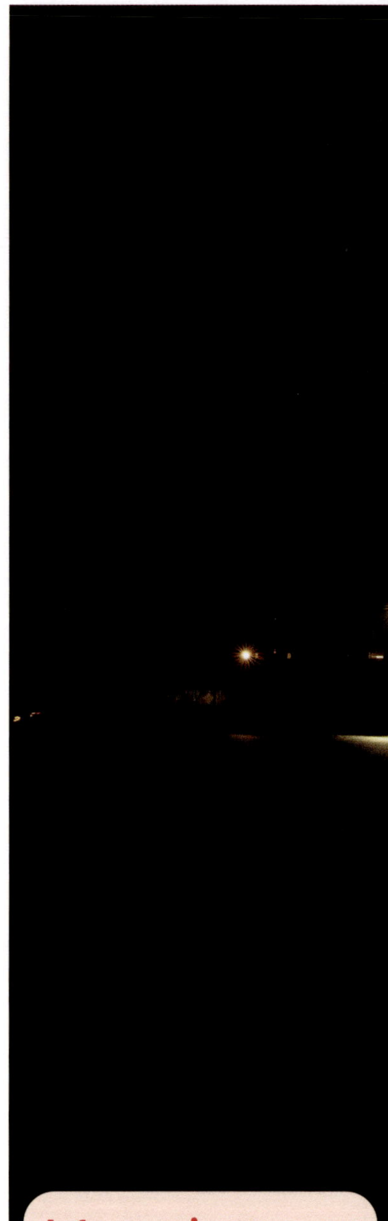

Là où la côte adriatique s'élève, devenant abrupte et déchiquetée, se trouve Polignano a Mare, joyau de la province de Bari. Seules les « Lame », des criques naturelles creusées dans la roche, permettent d'accéder à l'eau ou d'en remonter. La plus célèbre d'entre elles est Lama Monachile, où les vagues viennent s'écraser sur une petite plage, accessible grâce à deux ponts. L'histoire devient ici fascinante : le plus imposant a été construit au XIXe siècle par les Bourbons et atteint une hauteur de 15 mètres. Le second, plus petit et presque éclipsé par le premier, est bien plus ancien. Il permettait dès le IIe siècle apr. J.-C. le passage de la Via Traiana romaine, reliant Rome à Brindisi.

Depuis le Néolithique, Polignano a vu se succéder les civilisations grecque, romaine, normande, jusqu'au siège de Monopoli, qui la fit passer sous la domination vénitienne avant d'être cédée aux Aragonais. Aujourd'hui encore, le centre-ville abrite le Palais du Doge.

Ses ruelles étroites, ornées de poèmes gravés sur les murs, transforment la promenade dans le centre historique en une expérience typiquement italienne, menant à des terrasses panoramiques offrant des vues à couper le souffle sur la mer. Sous les maisons, l'eau sculpte inlassablement des passages, qui débouchent sur des grottes marines façonnées par les vagues au fil des millénaires. La plus célèbre, la Grotta Palazzese, abrite un restaurant unique, perché au-dessus de l'eau. Polignano est également la patrie de Domenico Modugno, l'iconique auteur de la chanson « Volare ». Une statue en son honneur, les bras ouverts vers la mer, symbolise le lien profond entre l'artiste et sa terre natale. Ville riche en histoire, en art, en traditions, et offrant un panorama unique… « nel blu, dipinto di blu », (dans le bleu, peint en bleu).

Infos pratiques

Accès gratuit toute l'année.

© Aurore Lucas

D'autres lieux extraordinaires :

- **Vieille ville de Bari :** Où vous pourrez admirer l'architecture médiévale, visiter la basilique de San Nicola et goûter à la cuisine locale dans des restaurants caractéristiques.
- **Trulli d'Alberobello :** Des centaines de trulli, ces anciennes habitations en pierre en forme de cône, déclarées patrimoine mondial de l'UNESCO.
- **Monopoli :** Avec une vieille ville charmante, un port pittoresque et un littoral à couper le souffle, Monopoli est un joyau caché des Pouilles.
- **Locorotondo :** Connue pour son centre historique circulaire et ses rues pavées, il offre des vues panoramiques sur les collines environnantes.

Comment se déplacer ?

En train : Trains interurbains et régionaux entre les principales villes italiennes jusqu'à Polignano a Mare sur la ligne Bari-Lecce.

En bus : Les compagnies qui s'arrêtent à Polignano sont Flixbus, Marinobus, Ferrovie del Sud Est

À pied et à vélo : Suivez le Cammino di Don Tonino Bello qui touche 9 diocèses et pas moins de 32 villes des Pouilles, conduisant les pèlerins, à pied ou à vélo, à la découverte des territoires les plus beaux et les plus caractéristiques.

POUILLES

CASTEL DEL MONTE

ANDRIA – BARLETTA-ANDRIA-TRANI

Entre le XIIe et le XIIIe siècle, une grande partie du territoire italien fut gouvernée par les Souabes, un peuple d'origine germanique qui a laissé une empreinte culturelle et politique profonde dans l'Europe médiévale, en régnant en tant qu'empereurs et rois du Saint-Empire romain germanique.
L'un des noms les plus illustres parmi eux est sans aucun doute Frédéric II de Souabe. Né à Jesi, dans les Marche, et élevé à Palerme, Frédéric a assimilé en Italie les influences culturelles arabes, latines et byzantines, faisant de lui un souverain éclairé et novateur, incarnant l'idéal du roi-philosophe.

Parmi ses nombreuses réalisations, il fit ériger, au cœur des Murge des Pouilles, un chef-d'œuvre de symbolisme et de savoir. Castel del Monte domine le paysage avec sa forme octogonale parfaite et ses huit tours qui reprennent cette géométrie centrale, en faisant une énigme intemporelle.
La pierre calcaire qui habille le château change de tonalité au fil de la journée, créant des jeux de lumière qui en accentuent le charme. À l'intérieur, les salles sobres mais évocatrices nourrissent le mystère : observatoire, temple du savoir ou résidence de chasse ? Nul ne le sait avec certitude.
Inscrit au patrimoine mondial de l'UNESCO, Castel del Monte n'offre pas de réponses définitives, mais incite à questionner. En le visitant, on s'immerge dans ses mystères, où le charme du passé se mêle à la beauté changeante du paysage environnant.

Infos pratiques

1er avril - 30 septembre : de 10 h 15 à 19 h 45 (fermeture de la billetterie à 19 h 15)
1er octobre - 31 mars : de 9 h à 18 h 30 (fermeture de la billetterie à 18 h)

Tarifs :
Billet plein tarif : 5 €
Tarif réduit : 2,50 € (de 18 à 25 ans)
Gratuit pour les moins de 18 ans et les plus de 65 ans.

© Aurore Lucas

D'autres lieux extraordinaires :

• **Cathédrale de Trani :** Visitez la ville de Trani et admirez sa magnifique cathédrale en bord de mer, construite en pierre blanche locale, ainsi que son charmant port de plaisance.

• **Le Dolmen de Monte Sannace :** Une tombe mégalithique datant du Néolithique.

• **Canne della Battaglia :** Un site archéologique qui conserve les ruines d'une ancienne ville et d'un théâtre romain, décor d'une célèbre bataille entre Romains et Carthaginois.

• **Barletta :** Avec son front de mer, son Château Souabe et le célèbre Colosse de Barletta, cette ville offre une riche histoire et une atmosphère fascinante.

Comment se déplacer ?

En train : Trains jusqu'à Barletta, puis train local Bari Nord jusqu'à Andria.

En bus : Devant la place de la gare, bus n° 6 pour Castel del Monte.

À vélo : De Castel del Monte à Villa Castelli par la piste cyclable Acquedotto Pugliese

BR

LA VILLE BLANCHE D'OSTUNI

OSTUNI – BRINDISI

Ostuni, la « Cité Blanche », se targue d'une histoire millénaire qui remonte au Paléolithique, époque où les grottes servaient de refuge. Un témoignage extraordinaire de cette période est la « Dame d'Ostuni », datant de 28000 ans, retrouvée dans la grotte de Santa Maria di Agnano. La ville a connu un premier noyau messapien, profitant de la position stratégique de la colline. Sous les Romains, elle devint « Sturnium » et continua à se développer sous les Byzantins, les Normands et les Souabes, qui renforcèrent son rôle militaire et commercial.
Au XVIIe siècle, Ostuni échappa à la peste grâce à l'utilisation de la chaux comme désinfectant, une pratique qui lui conféra son aspect blanc iconique, encore aujourd'hui symbole de la ville.
Mais le véritable trésor d'Ostuni réside dans les campagnes environnantes : un paysage parsemé de millions d'oliviers, dont certains millénaires, témoins d'une ancienne symbiose entre l'homme et la nature. Cette concentration exceptionnelle d'oliviers a des racines historiques : déjà sous les Romains, la fertilité de la plaine d'Ostuni était exploitée pour la production d'huile, indispensable à l'éclairage, aux rites sacrés et à l'alimentation.
Les masseries fortifiées, avec leurs pressoirs souterrains, furent créées pour transformer cet « or liquide ». L'huile, produit précieux, nécessitait des processus de production protégés des regards indiscrets. Les pressoirs souterrains garantissaient des températures constantes pour presser les olives et une sécurité face aux incursions pirates.
Visiter Ostuni et ses masseries, c'est plonger dans un paysage façonné par des siècles de tradition agricole et d'artisanat d'exception.

Infos pratiques

Visible et accessible toute l'année.

© Aurore Lucas

D'autres lieux extraordinaires :

- **Cisternino :** Un charmant village médiéval avec ses ruelles étroites, ses maisons blanchies à la chaux et une vue panoramique sur la Vallée d'Itria.
- **Réserve naturelle de Torre Guaceto :** Une oasis naturelle protégée offrant des plages vierges, des dunes de sable et une riche biodiversité marine.
- **Ceglie Messapica :** Un ravissant village médiéval réputé pour son architecture historique, ses restaurants traditionnels et sa délicieuse huile d'olive.
- **Mesagne :** Un bourg médiéval avec un château normand, des églises baroques et une vieille ville fascinante.

Comment se déplacer ?

En train : Trains régionaux entre Bari et Brindisi, arrêt Ostuni.

En bus : Service de transport public urbain géré par la STP Brindisi-Ostuni.

À vélo : Découverte de la région sur la piste cyclable de la Via Francigena, la piste cyclable de la Via Traiana et la piste cyclable du Parc des Dunes Côtières.

À cheval : Chevaucher à travers les pinèdes de la vallée d'Itria.

FG

SANCTUAIRE DE SAINT MICHEL ARCHANGE

MONTE SANT'ANGELO – FOGGIA

La quête de rédemption, de guérison et d'indulgence a poussé des milliers de personnes à traverser l'Europe au fil des siècles. Apparues aux débuts du christianisme, souvent entre Rome et Jérusalem, ces pratiques de pèlerinage visaient à connecter les fidèles aux lieux incarnant le message divin. Les pèlerinages chrétiens ont toujours été une expression de foi et de pénitence.

Le Sanctuaire de Saint-Michel-Archange à Monte Sant'Angelo, inscrit au patrimoine mondial de l'UNESCO depuis 1996, est l'un des symboles de cette tradition. Fondé au Ve siècle, il est construit sur la grotte où, selon la légende, l'archange Michel serait apparu, annonçant la fin des persécutions contre les chrétiens et consacrant cette grotte naturelle comme l'un des principaux centres de culte dédiés à Michel dans le monde. Son architecture, marquée par une superposition d'époques et de styles, témoigne de l'histoire riche des pèlerins qui ont traversé le Gargano pour s'y rendre.

En reliant les lieux symboliques de Saint-Michel sur une carte, se dessine le « Chemin de l'Archange Michel », un itinéraire reliant les sanctuaires principaux dédiés à l'archange : il commence à Skellig Michael en Irlande, passe par le Mont Saint-Michel en France, la Sacra di San Michele et Monte Sant'Angelo en Italie, et se termine dans la lointaine Jérusalem. La dévotion à Saint-Michel, puissant protecteur des guerriers et guide contre le mal, est née au Moyen Âge, mais le culte a traversé les siècles intact, incarnant des valeurs toujours vivantes aujourd'hui. Monte Sant'Angelo, difficile d'accès, offre une expérience mystique, où la spiritualité se mêle à la beauté saisissante du lieu.

Infos pratiques

Accès gratuit à l'espace principal.

Accès payant à certaines zones du sanctuaire.

De juillet à septembre
7 h 30 - 20 h

Avril - juin et octobre
7 h 30 - 12 h 30 /
14 h 30 - 19 h

Novembre - mars
7 h 30 - 12 h 30 /
14 h 30 - 18 h

D'autres lieux extraordinaires :

- **Forêt Umbra :** Une forêt pittoresque de hêtres et de chênes-lièges au cœur du Gargano, idéale pour les randonnées, le trekking et l'observation des oiseaux.
- **San Giovanni Rotondo :** Célèbre pour le Sanctuaire de Padre Pio, un lieu de pèlerinage mondial.
- **Manfredonia :** Une ville portuaire avec un centre historique médiéval charmant, une forteresse aragonaise et une vue panoramique depuis la colline du château.
- **Lac de Lesina :** L'un des deux grands lacs côtiers du Gargano, connu pour sa richesse ornithologique et ses paysages lacustres pittoresques.

Comment se déplacer ?

En train : Trains à grande vitesse et trains régionaux entre les principales villes italiennes et Foggia.

En bus : Service de transport public géré par Ferrovie del Gargano Srl.

À vélo : Des pistes cyclables sur des routes ordinaires traversent la péninsule du Gargano.

À pied : Suivre la Route des deux mers de Tarente à Polignano a Mare, de la mer Ionienne à la mer Adriatique.

En canoë : Sur les îles Tremiti, vous pourrez accéder à des grottes, des plages préservées ou des criques inaccessibles par voie terrestre.

LE

POUILLES

LA VILLE DE GALLIPOLI

GALLIPOLI – LECCE

Gallipoli, dont le nom dérive du grec « Kale Polis » (belle ville), se dresse majestueusement sur la mer Ionienne, avec un centre historique niché sur une île reliée au continent par un pont. Son histoire est indissociable de la mer : dès l'Antiquité, Grecs, Romains et Byzantins ont exploité sa position stratégique et ses eaux poissonneuses. Au Moyen Âge, le commerce du poisson a façonné l'économie de la ville, faisant de son port un carrefour essentiel pour les échanges méditerranéens.

La pêche a également marqué la culture de Gallipoli : chaque famille y participait, perpétuant des techniques anciennes, comme la pêche à l'espadon, l'une des plus célèbres et traditionnelles. Chaque été, la ville célèbre cet héritage lors de la « Sagra del Pesce Spada », une fête dédiée à ce poisson précieux et aux traditions maritimes. Encore aujourd'hui, les ports sont les lieux où l'on ressent le mieux l'âme authentique de la ville. La pêche au poisson bleu, aux oursins et aux crustacés, ainsi que la production d'huile lampante autrefois exportée dans le monde entier, témoignent de la continuité d'une vocation millénaire.

Imaginez les ruelles étroites du vieux bourg, autrefois animées par les conversations des pêcheurs réparant leurs filets, le passage de charrettes chargées de marchandises ou les cris des vendeurs proposant leurs meilleurs prix. Surplombant cette effervescence, les palais nobles, avec leurs fenêtres ouvertes sur le port, appartenaient souvent à des familles fortunées d'armateurs.

Se promener au coucher du soleil le long de la Riviera ou à l'aube dans les marchés aux poissons, c'est goûter à la vie quotidienne d'une ville dont l'existence est intimement liée à la mer depuis toujours.

Infos pratiques

Visible et accessible toute l'année.

© Aurore Lucas

D'autres lieux extraordinaires :

- **Vieille ville de Lecce :** Surnommée la « Florence du Sud », elle offre une architecture baroque à couper le souffle, avec des églises, des palais et des places ornés de riches détails décoratifs.
- **Faraglioni di Sant'Andrea :** Imposantes formations rocheuses émergeant de la mer le long de la côte de Sant'Andrea, dans la commune de Melendugno.
- **Otranto :** Charmante ville de la côte adriatique, célèbre pour sa vieille ville médiévale, sa cathédrale avec sa mosaïque au sol et son château aragonais.
- **Santa Maria di Leuca :** La pointe la plus méridionale des Pouilles, où la mer Ionienne et la mer Adriatique se rencontrent.

Comment se déplacer ?

En train : Liaisons assurées par Ferrovie del Sud Est (qui propose également un service d'autocars) géré par Trenitalia.

En bus : Service de transport public urbain dans la ville assuré par Chiffi Bus.

POUILLES

TA

CENTRE HISTORIQUE DE MARTINA FRANCA

MARTINA FRANCA – TARENT

Martina Franca, nichée au cœur de la Vallée d'Itria, est un joyau baroque entouré d'un paysage unique : la terre des trulli. Cette vallée, s'étendant entre les charmants villages de Locorotondo et Alberobello, est parsemée de ces étonnantes constructions en pierre sèche, classées au patrimoine mondial de l'UNESCO. Les trulli, avec leurs toits coniques caractéristiques, symbolisent une architecture rurale à la fois fonctionnelle et fascinante. Initialement utilisés comme abris agricoles ou logements pour les paysans, ils furent édifiés sans mortier, permettant un démontage rapide. Un choix non seulement pratique, mais également politique : leur caractère temporaire permettait d'échapper aux taxes sur les bâtiments permanents imposées par les seigneurs féodaux.

Au cœur de cette vallée, Martina Franca se distingue comme centre culturel, avec son centre historique raffiné, orné de balcons en fer forgé, de palais nobles et d'églises richement décorées. Fondée au xe siècle, la ville fut agrandie et fortifiée par les Normands avant de prospérer sous la domination angevine. Un événement marquant de son histoire fut l'octroi, au xive siècle, du privilège de « franchise », qui en fit un refuge pour ceux cherchant à échapper aux impôts.

Aujourd'hui, Martina Franca célèbre son héritage agricole et culturel à travers le célèbre Festival de la Vallée d'Itria, connu depuis sa création pour la redécouverte d'œuvres lyriques rares ou méconnues. Une rencontre entre l'histoire et la mélodie, où l'âme baroque de la ville se mêle à l'émotion de la musique.

Infos pratiques

Visible et accessible toute l'année.

© Aurore Lucas

D'autres lieux extraordinaires :

• **Le château aragonais de Tarente :** Avec ses murs massifs et ses tours de défense, il offre une vue spectaculaire sur la ville et la mer Ionienne.

• **Musée archéologique national de Tarente :** Également connu sous le nom de « MArTA », ce musée abrite une vaste collection de pièces archéologiques.

• **Laterza :** Ville médiévale avec un centre historique caractéristique et un château.

• **Parc archéologique de Saturo :** Il abrite les vestiges d'une ville messapienne, avec d'anciennes tombes, des habitations et des structures religieuses.

Comment se déplacer ?

En train : Liaisons assurées par Ferrovie del Sud Est (qui exploite également un service d'autocars) géré par Trenitalia.

En bus : Service de transport public urbain dans la ville géré par Miccolis S.p.a.

À vélo : Pédaler sur un tronçon de la piste cyclable Acquedotto Pugliese à travers la vallée.

CA

SARDAIGNE

SANCTUAIRE DE SANTA VITTORIA

SERRI – VILLE MÉTROPOLITAINE DE CAGLIARI

Le Sanctuaire de Santa Vittoria à Serri, situé sur le plateau basaltique de la Giara de Serri, en Sardaigne, est un site archéologique d'une grande importance historique et religieuse. Datant de l'époque nuragique (xe siècle av. J.-C.), ce lieu sacré est l'un des complexes culturels les plus significatifs de cette civilisation ancienne.

S'étendant sur environ 22 hectares, le sanctuaire servait de lieu de culte et de pèlerinage pour les peuples nuragiques, puis pour les civilisations puniques et romaines. Au cœur de ce site se trouve le temple à puits, un chef-d'œuvre d'architecture nuragique. Ce temple est constitué d'un escalier descendant vers une chambre souterraine circulaire, surmontée d'une « tholos » (coupole). Cette structure, liée au culte des eaux, reflète une pratique spirituelle répandue en Sardaigne à l'âge du bronze, où l'eau était vénérée comme un élément sacré.

Outre son rôle religieux, le sanctuaire de Santa Vittoria était également un centre politique et commercial, un lieu de rencontre entre tribus locales et, plus tard, entre peuples méditerranéens. Ce caractère multifonctionnel confère au site une valeur historique et culturelle exceptionnelle, capable de retracer l'histoire riche et complexe de la Sardaigne et de ses anciennes civilisations.

Aujourd'hui, le sanctuaire est ouvert aux visiteurs, offrant une véritable plongée dans le passé à travers la spiritualité, l'architecture et la vie sociale des peuples qui l'ont fréquenté. Le panorama spectaculaire depuis le plateau ajoute au charme de cette destination, rendant l'expérience encore plus inoubliable.

Infos pratiques

Il peut être visité toute l'année dans le cadre d'une visite guidée.

Horaires d'ouverture en fonction des saisons.
Pour plus d'informations, consultez le site https : // www.acropolinuragica.it/

Plein tarif : 5 €
Tarif réduit (6-17 ans) : 3 €

Accessible aux personnes handicapées.

Site adapté aux chiens.

© Adobe Stock - Adwo

D'autres lieux extraordinaires :

• **Plage de Chia :** Connue pour ses eaux cristallines et son sable blanc, c'est l'une des destinations balnéaires les plus fascinantes de Sardaigne.

• **Parc archéologique de Nora :** Il abrite les ruines d'une ancienne ville phénicienne et romaine. Les visiteurs peuvent explorer les vestiges de temples, de bains, de théâtres et de mosaïques.

• **Château de San Michele :** Dominant la ville de Cagliari, cette forteresse médiévale offre des vues panoramiques spectaculaires sur la ville et la mer.

• **Nécropole de Tuvixeddu :** L'une des plus grandes et des mieux conservées, datant de la période phénico-punique (VIe-IIIe siècle av. J.-C.).

Comment se déplacer ?

En bus : Transport assuré par ARST SpA. De la gare de Cagliari Ligne 9143 ISILI piazza San Giuseppe pour Escolca et autres lignes.

PORTO FLAVIA

MASUA – SULCIS IGLESIENTE

Niché dans les falaises de Masua, au sud-ouest de la Sardaigne, Porto Flavia est un monument unique d'archéologie industrielle. Bien qu'intégrée au complexe minier de la région, cette structure n'était pas destinée à l'extraction, mais à optimiser le transport des minerais provenant des mines de plomb et de zinc locales, destinés aux fonderies européennes. Avant sa construction, les minerais devaient être chargés sur de petites embarcations, un processus lent et coûteux. Conçu par l'ingénieur Cesare Vecelli, qui le dédia tendrement à sa fille Flavia, Porto Flavia fut achevé en 1924.

La position de ce port fut choisie avec soin pour sa proximité avec les mines et la profondeur de ses eaux, permettant l'amarrage direct des grands navires. Le système innovant reposait sur deux galeries superposées creusées dans la roche. La galerie supérieure recevait les matériaux extraits, qui étaient ensuite acheminés par des convoyeurs jusqu'à la galerie inférieure, où ils étaient chargés directement dans les cales des navires. Ce mécanisme révolutionnaire réduisait considérablement les coûts et les délais d'exportation, faisant de Porto Flavia une référence pour l'industrie minière de l'époque et renforçant la compétitivité des mines sardes. Cependant, dans les années 1960, la concurrence internationale, les coûts d'extraction élevés et l'épuisement progressif des gisements locaux ont rendu les mines sardes moins rentables. Porto Flavia perdit alors son rôle stratégique, mais reste aujourd'hui un témoignage spectaculaire de cette époque, offrant une fenêtre fascinante sur l'histoire industrielle et minière de la Sardaigne.

Infos pratiques

Entrée uniquement avec une visite guidée d'environ 50 minutes. Visites en anglais à 11 h - 12 h - 14 h - 16 h.

Plein tarif : 10 €
Tarif réduit (6/12 ans et plus de 65 ans) : 6,50 €

Galerie supérieure accessible aux personnes à mobilité réduite.

Les animaux ne sont pas admis.

D'autres lieux extraordinaires :

- **Grottes d'Is Zuddas :** Un complexe calcaire caractérisé par des stalactites et des stalagmites aux formes spectaculaires.
- **Mine de Monteponi :** Des visites guidées permettent d'explorer les galeries souterraines et de découvrir l'histoire minière de la région.
- **Tonnara di Carloforte :** Complexe historique fascinant situé sur l'île de San Pietro, au large de la côte sud-ouest de la Sardaigne.
- **Traitement du Byssus à Sant'Antioco :** Une ancienne tradition artisanale transmise de génération en génération sur les fibres sécrétées par certains mollusques bivalves.

Comment se déplacer ?

En bus : Transport assuré par ARST SpA. Depuis Iglesias Ligne 808 Masua et autres lignes.

À pied : 500 km en 30 étapes sur la route minière de Santa Barbara.

À vélo : Également à vélo sur la route minière de Santa Barbara pour 550 km en 9 étapes.

À cheval : Parcours entre la côte ouest de l'île de Sant'Antioco, les senteurs du maquis méditerranéen et les sites archéologiques.

SARDAIGNE

LA MINE DE MONTEVECCHIO

GUSPINI – MEDIO CAMPIDANO

Montevecchio apparaît aujourd'hui comme un monde fantomatique sur la côte centre-ouest de l'île. Autrefois, c'était l'un des lieux les plus animés, l'un des plus grands et des plus productifs complexes miniers de la Sardaigne.

Le site, l'un des huit qui composent le Parc Géominier de Sardaigne, a fonctionné pendant presque un siècle et demi, de 1848, lorsque le roi Charles-Albert accorda son exploitation, jusqu'en 1991, année de sa fermeture définitive après des décennies de crise. Il a connu des périodes florissantes et de développement, soutenu par des innovations technologiques : en 1865, avec 1100 ouvriers, c'était la mine la plus importante du Royaume d'Italie.

Aujourd'hui, plusieurs passionnants parcours de visite traversent un paysage suspendu dans le temps, parsemé de ruines de maisons, d'ateliers, de puits et de tas de déchets.

Dans le parcours de la « palazzina della direzione », vous visiterez le palais néo-renaissance, centre administratif et résidence bourgeoise, avec la somptueuse « sala blu » utilisée pour les réceptions, contrastant avec les humbles espaces de service sous les combles. Le parcours « Sant'Antonio » comprend la tour néogothique du puits d'extraction, point central du travail minier, et les logements modestes des ouvriers.

Le dépôt de minéraux illustre les techniques de traitement et de tri, tandis que le parcours « officine » montre les fonderies, les ateliers mécaniques et les machines d'époque. L'itinéraire « Piccalinna » vous mène au puits San Giovanni, semblable à un château médiéval, et à la salle d'argan, qui abrite une machine d'extraction unique au monde, toujours en fonctionnement.

Autant de parcours qui reflètent les nombreuses facettes de ce lieu fascinant.

Infos pratiques

Visites guidées en plusieurs langues sur rendez-vous. Les visites durent environ 40 minutes. Les différentes visites peuvent être combinées. Toutes les zones ne sont pas accessibles aux personnes à mobilité réduite.

Pour des informations actualisées, des réservations, des tarifs et des horaires, consultez le site officiel www.minieradimontevecchio.it.

© Adobe Stock - ledmark31

D'autres lieux extraordinaires :

- **Parc archéologique de Montessu :** On y trouve des tombes taillées dans la roche datant de la période pré-nuragique.
- **Les dunes de Piscinas :** Un paysage à couper le souffle, avec des dunes de sable qui s'étendent sur des kilomètres, créant un environnement unique et évocateur.
- **Le parc de la Giara :** Un plateau basaltique qui abrite les célèbres Cavallini della Giara, une ancienne race de chevaux sauvages.
- **Su Nuraxi di Barumini :** Vous pourrez y admirer l'architecture nuragique et découvrir l'histoire de cette ancienne civilisation.

Comment se déplacer ?

En bus : Transport assuré par ARST SpA. De Guspini Ligne 214 MONTEVECCHIO viale Amendola.

À vélo : Il existe un circuit cycliste à l'intérieur du parc.

À pied : Le Cammino 100 Torri fait le tour de la Sardaigne sur un total de 1284 km répartis en huit itinéraires principaux.

SARDAIGNE

GORGES DE GORROPU

URZULEI ET ORGOSOLO - NUORO

La gorge de Gorropu, au cœur sauvage du Supramonte, est un lieu qui révèle l'histoire géologique de l'île comme peu d'autres. La formation de la Sardaigne a commencé il y a plus de 500 millions d'années. À l'ère Paléozoïque, elle a émergé lors de l'orogenèse hercynienne, formant des roches granitiques et schisteuses. Plus tard, au Mésozoïque, elle fut submergée par la mer, accumulant des sédiments calcaires. Ce sont ces sédiments qui, une fois émergés, environ 150 millions d'années plus tard, ont commencé à être sculptés par l'action érosive du Rio Flumineddu.

Ce qu'il en reste est une merveille naturelle de 1,5 km avec des parois atteignant jusqu'à 500 mètres, mais ce n'est pas tout. Aujourd'hui, la gorge possède un microclimat unique, avec des piscines transparentes, et abrite des espèces endémiques comme l'Aquilegia de Gorropu, une fleur rare qui pousse entre les rochers.

Pour les bergers sardes, Gorropu représentait un refuge et une frontière naturelle entre les territoires, tandis qu'aujourd'hui, c'est une destination de trekking à couper le souffle. Le sentier classique (mais il en existe d'autres) commence près d'Uzulei, au col de Ghenna Sìlana, et traverse des paysages lunaires de roches et de forêts de genévriers. Le bruit du vent dans les forêts de chênes-lièges centenaires et les buissons de arbousiers, « le cœur des forêts sardes », accompagne le parcours tout au long du chemin.

La gorge est un lieu sacré pour la biodiversité où, immergés dans un silence profond, on peut admirer la force et la résilience de la nature dans l'un des coins les plus reculés de la Sardaigne.

Infos pratiques

Billet d'entrée 6€ adultes, 4€ enfants et jeunes de 6 à 17 ans.

Itinéraires de randonnée de différents niveaux : faciles, panoramiques, pour experts, avec ou sans guide.

Possibilité de transfert hors route vers et depuis le camp de base et d'autres points de départ.

© Adobe Stock - IBRESTER

D'autres lieux extraordinaires :

- **Golfe d'Orosei :** Idéal pour les excursions en bateau, la plongée avec tuba et les randonnées le long de la côte.
- **Orgosolo :** Célèbre pour ses peintures murales racontant l'histoire et les traditions de la Sardaigne.
- **Site archéologique de Tiscali :** Une occasion unique d'explorer d'anciennes ruines nuragiques dans un environnement naturel.
- **Lac Gusana :** Idéal pour observer les oiseaux, faire du kayak et d'autres activités de plein air.

Comment se déplacer ?

En bus : Bus ARST pour la ligne 305 jusqu'à C.Giustizieri - Urzulei - Talana - Tortoli' - Arbatax.

À pied : Les autres destinations pour les randonneurs sont le Monte Novo San Giovanni et le Monte Fumai.

OG

SARDAIGNE

PERCORSO SELVAGGIO BLU

BAUNEI – OGLIASTRA

Le « Selvaggio Blu » est connu comme l'un des treks les plus exigeants et spectaculaires du bassin Méditerranéen. Né dans les années 80 de l'idée de Mario Verin, photographe, et Peppino Cicalò, alpiniste, le parcours traverse la côte orientale de l'île, s'étendant sur environ 50 km et touchant des lieux isolés comme Cala Goloritzé et Portu Cuau.

Plus qu'une simple randonnée, c'est un voyage à travers l'histoire et la nature de la Barbagia côtière. Les sentiers, souvent difficiles à repérer, suivent des chemins utilisés autrefois pour transporter du charbon et du bois, lorsque les montagnes du Supramonte étaient habitées et vécues au quotidien. Le parcours va de Santa Maria Navarrese à Cala Sisine, en passant par des grottes, des bergeries et des « cuiles », anciens refuges de bergers, dont beaucoup sont encore intacts.

L'expérience dure cinq jours, traversant des canyons, des falaises plongeant dans la mer et des plages secrètes, qui servent généralement de refuge pour la nuit et d'endroits pour une baignade au coucher du soleil. Chaque jour, on marche pendant 5 à 7 heures, entre montées difficiles et descentes abruptes, immergées dans un paysage qui alterne le bleu cristallin de la mer et les roches calcaires des falaises. Cela demande une excellente condition physique et une bonne expérience en randonnée, car on devra affronter des montées ardues, des passages techniques, des sections d'escalade et des descentes en rappel excitantes. Mais cela en vaut la peine, offrant des panoramas inoubliables et un lien profond avec la beauté sauvage de cette île unique.

Infos pratiques

Période idéale : mai et octobre. Une préparation physique et un équipement sont nécessaires. Bien qu'il soit possible de le faire seul, il est recommandé de réserver l'un des circuits avec un guide de montagne.

Les frais de participation varient de 1100 € à 2000 € en fonction du prestataire et des services offerts.

© Carlo Cosi / www.carlocosi.com

D'autres lieux extraordinaires :

- **I Tacchi d'Ogliastra :** Un parc offrant une variete de sentiers de randonnée comprenant des falaises calcaires, des forêts séculaires et des vues sur la côte.
- **Monte Tisiddu :** À l'intérieur des terres de la Sardaigne, une montagne sacrée offrant une riche biodiversité de flore et de faune.
- **Cascades de Lequarci :** Immergées dans une forêt de chênes verts et de chênes-lièges, idéales pour les excursions et les pique-niques dans la nature.
- **Tour de Barì :** Construite pour défendre la côte contre les attaques de pirates, c'est un exemple intéressant de l'architecture défensive sarde.

Comment se déplacer ?

En bus : Transport assuré par ARST SpA. De la gare de Nuoro, ligne 303 TORTOLI' entre Locci et Santa Maria Navarrese.

SARDAIGNE

L'ARCHIPEL DE LA MADDALENA

GALLURA – SARDAIGNE DU NORD-EST

L'archipel de La Maddalena comprend sept îles principales et de nombreux îlots disséminés au large de la côte nord-est de la Gallura. Lors de sa première phase de colonisation, il servait principalement de poste militaire et logistique pour le contrôle des routes maritimes. Habité depuis la préhistoire, il devint un carrefour pour les Phéniciens, les Romains, puis pour les Pisans et les Génois. Au XVIIIe siècle, avec la fondation du premier village sur l'île de La Maddalena, l'archipel commença à se consolider comme un avant-poste militaire. Napoléon lui-même tenta sans succès de le conquérir en 1793, repoussé par les habitants de La Maddalena, menés par le jeune Domenico Millelire, considéré comme le premier héros de la marine italienne. Au XXe siècle, La Maddalena devint une base importante pour la marine italienne et hébergea également une base de l'OTAN jusqu'en 2008. Aujourd'hui, l'archipel retrouve ce qu'il était à l'origine : un paradis naturel marin et terrestre, faisant partie d'un parc national, créé en 1994 pour protéger son écosystème fragile. Près de mille espèces végétales, dont environ 50 endémiques, certaines très rares, composent sa flore. La faune est également remarquable. La plage Rosa de Budelli, par exemple, doit sa couleur à des sédiments produits par un petit organisme qui se fixe sur des coquillages, des algues, des coraux et des coquilles. Très particulière aussi la pinna nobilis, le plus grand mollusque bivalve de la Méditerranée. Le dauphin tursiop est le cétacé le plus commun, tandis que la tortue caretta caretta fréquente aussi régulièrement le parc. Ses eaux cristallines, des plages iconiques comme Cala Coticcio et les histoires liées à Giuseppe Garibaldi, qui passa ses dernières années à Caprera, en font une destination unique pour ceux qui recherchent la nature, l'histoire et l'authenticité.

Infos pratiques

Visible et accessible toute l'année.

© Adobe Stock - pics721

D'autres lieux extraordinaires :

- **Nuraghe di Arzachena :** Abrite un complexe nuragique bien préservé datant de l'âge du bronze, témoin de l'ancienne civilisation sarde.
- **Valle della Luna :** Connue pour ses formations rocheuses bizarres et son coucher de soleil à couper le souffle sur la mer.
- **Musée ethnographique de Galluras :** Exposition de costumes traditionnels, d'outils agricoles et d'objets de la vie quotidienne.
- **Caprera :** Connue pour avoir été la maison de Giuseppe Garibaldi dans les dernières années de sa vie. À l'heure d'aujourd'hui, sa maison s'est transformée en musée.

Comment se déplacer ?

En bus : Transport assuré par ARST SpA. Depuis Olbia Corso Vittorio Veneto Ligne 601 PALAU Porto.

À pied : Compte tenu des restrictions en vigueur pour les voitures, il peut être intéressant d'embarquer à pied et de visiter ensuite les îles avec les transports publics.

En bateau : Le ferry de Palau permet de rejoindre La Maddalena et Caprera. L'archipel peut également être exploré lors d'excursions organisées en bateau, en canot pneumatique ou en voilier ancien.

SARDAIGNE

ZONE ARCHÉOLOGIQUE DE THARROS

CABRAS – ORISTANO

Tharros est une île dans le temps, un lieu qui rassemble plus de 2000 ans d'histoire méditerranéenne, caressé par le vent marin et bordé par les vagues qui entourent la péninsule de Sinis, sur laquelle elle se dresse.

Fondée par les Phéniciens entre le VIIIe et le VIIe siècle avant J.-C., elle fut un avant-poste stratégique pour le commerce grâce à sa position abritée et à sa proximité des routes maritimes. C'est ici que les Phéniciens introduisirent des cultes et des techniques architecturales avancées, comme la construction du Tofet, un espace sacré dédié peut-être aux divinités Baal et Tanit.

Sous la domination carthaginoise, Tharros se développa davantage, enrichie par des ouvrages hydrauliques imposants et des structures défensives, encore partiellement visibles aujourd'hui.

À l'époque romaine, la ville prospéra en tant que centre administratif, avec des thermes, un aqueduc et un forum, symboles de la romanisation. Ses rues pavées, orientées vers la mer, témoignent d'un urbanisme attentif aux besoins commerciaux et logistiques.

Après la chute de l'Empire, Tharros fut disputée entre les Vandales, les Byzantins et les Arabes, avant de décliner définitivement au Moyen Âge, lorsque vers 1050 après J.-C., ses habitants se déplacèrent à Oristano pour échapper aux attaques des pirates sarrasins.

Aujourd'hui, en visitant Tharros, il est possible de marcher sur les anciennes rues de basalte, d'observer les colonnes restantes des temples et de repérer les vestiges des murailles puniques, à côté de la présence solennelle de la mer d'un bleu intense.

Infos pratiques

Horaires spécifiques à chaque saison.

Plus d'informations sur https://monteprama.it/tharros/

Plein tarif : 9 €
Tarif réduit : 5 €

Partiellement accessible aux personnes handicapées.

© Adobe Stock – fabiomax

D'autres lieux extraordinaires :

- **Plage de Is Arutas :** Célèbre pour son sable blanc composé de petits grains de quartz rose et vert.
- **Oasis naturelle de Seu :** Elle abrite une grande variété d'oiseaux migrateurs et d'espèces protégées.
- **Village de San Salvatore :** Connu pour ses maisons traditionnelles en pierre et ses rues étroites et pavées.
- **Village de Bosa :** Caractérisé par des maisons pittoresques et colorées surplombant la rivière Temo.

Comment se déplacer ?

San Giovanni di Sinis et Oristano ne sont pas reliés par les transports publics et il est donc nécessaire d'avoir une voiture.

SARDAIGNE

PLAGE DE LA PELOSA

STINTINO - VILLE MÉTROPOLITAINE DE SASSARI

La plage de la Pelosa, véritable icône mondiale, est un lieu qui coupe le souffle par sa beauté extraordinaire. Qui n'a jamais vu au moins une photo de cet endroit paradisiaque ? C'est comme un tableau vivant : du sable blanc et doux comme de la soie, des eaux peu profondes qui se fondent dans des tons caribéens, bleu ciel, turquoise, vert émeraude et des dunes douces parfumées par le maquis méditerranéen. Malgré son apparence tropicale, les genévriers environnants et les panoramas à couper le souffle te rappellent que tu es en Sardaigne.

Protégée par l'île Piana et l'imposant Capo Falcone, où se trouve la tour du Falcone datant de 1537, la Pelosa est à l'abri du vent du nord-ouest (maestrale), offrant des eaux calmes et cristallines, idéales pour les familles et les amoureux du farniente. À proximité, l'îlot de la tour de la Pelosa, construite en 1578, se rejoint en traversant la pittoresque crique de la Pelosetta.

Le village de Stintino, situé à proximité de la plage, est fondé en 1885 par 45 familles liguriennes déplacées de l'île de l'Asinara. Aujourd'hui c'est une destination touristique réputée. Ici, le Musée de la Tonnara conserve la mémoire de l'identité collective liée à la pêche traditionnelle au thon. C'était une pêche saisonnière, lorsque les gros bancs se rapprochaient de la côte et étaient capturés manuellement, avec une technique appelée « mattanza ».

De Stintino, tu peux aussi explorer l'Asinara, un parc national depuis 1997, avec des excursions à vélo, en train ou en 4x4, découvrant des paysages sauvages, des criques protégées et des fonds marins spectaculaires. La Pelosa, régulée pour préserver sa fragilité, une décision qui reflète le respect pour un lieu d'une beauté intemporelle.

Infos pratiques

Accès limité à 1500 places par jour, avec des frais de réservation du 1er juin au 31 octobre.

Réservation sur www.spiaggialapelosa.it.

En saison, les animaux ne sont pas admis entre 8 et 20 heures.

Le tarif journalier est de 3,50 € par personne.

© Adobe Stock – den-belitsky

D'autres lieux extraordinaires :

- **Castelsardo :** Située sur un rocher surplombant la mer, avec des rues étroites, des églises anciennes et un château bien conservé.
- **Nuraghe Santu Antine :** L'un des nuraghi les plus impressionnants et les mieux conservés de l'île.
- **Stintino :** Un charmant village de pêcheurs avec des maisons colorées, un port pittoresque et une vie marine animée.
- **Parc national de Asinara :** Une île sauvage et préservée, riche d'une flore et d'une faune uniques.

Comment se déplacer ?

En train : Ce n'est pas un vrai train, mais c'est le moyen le plus confortable pour visiter l'Asinara sur le Trenino Verde.

En bus : Liaison avec le centre-ville par la ligne ARST 727 LA PELOSA - STINTINO - P.TORRES - SASSARI.

À pied : Le Cammino di Santu Jacu traverse toute la Sardaigne sur environ 1600 km en 60 étapes, en suivant les traces des lieux de culte dédiés à saint Jacques.

À cheval : Une manière agréable de découvrir les lieux de la province moins connue de Sassari.

SICILE

LA VALLÉE DES TEMPLES

AGRIGENTE

Comme l'un des témoignages les plus vivants et spectaculaires du monde grec en Occident, se dressent les ruines de grands temples dans la vaste vallée au pied d'Agrigente.
Des dizaines de bâtiments bordent le périmètre des murailles de la ville, formant une double protection de l'ancienne ville d'Akragas (c'est ainsi qu'Agrigente s'appelait), une protection militaire donnée par les murs et une protection spirituelle donnée par les temples.
Ces temples, tels des vaisseaux, nous transportent à travers les époques jusqu'à la fondation de la ville par des colons grecs en 580 av. J.-C. Au fil des siècles, la ville devint si puissante qu'elle décida de s'étendre vers le nord, finissant par entrer en conflit avec la grande civilisation carthaginoise. C'est ainsi qu'une série de batailles débuta, se concluant par la destruction d'Akragas. Les Romains succédèrent alors aux Carthaginois, montrant comment des générations et des civilisations entières se sont succédé en ce lieu magique. Une ville autrefois peuplée, dont aujourd'hui les temples de Junon, de la Concorde et des Dioscures nous parlent, ainsi que les télamons, ces géants mystérieux qui ornaient probablement les côtés du temple de Zeus.
Ces temples ont fasciné et impressionné voyageurs et visiteurs pendant des siècles, par leur pouvoir évocateur et leur imposante architecture.
Décrite par Johann Wolfgang Goethe comme « une vision splendide », la Vallée des Temples raconte l'histoire d'une ville qui fut un centre culturel et politique majeur du monde antique.

Infos pratiques

Horaires d'ouverture :
- En semaine : 8 h 30 - 19 h (sortie avant 20 h)
- Week-ends et jours fériés : 8 h 30 - 19 h (sortie avant 20 h)

Tarif d'entrée :
- Plein tarif : de mi-juin à fin décembre, 15 € par personne
- Tarif réduit : 9 € par personne
- Gratuit pour tous : le premier dimanche de chaque mois

D'autres lieux extraordinaires :

- **La cathédrale de sel :** Il s'agit d'une structure unique faite entièrement de sel, avec des sculptures, des autels et du mobilier.
- **Réserve naturelle orientée de Torre Salsa :** Elle offre des paysages côtiers à couper le souffle, des plages immaculées et une riche faune.
- **Centre historique d'Agrigente :** Un labyrinthe fascinant de rues médiévales, de places pittoresques et de bâtiments historiques.
- **Scala dei Turchi :** Une falaise de calcaire blanc en gradins, façonnée par l'érosion marine, offrant une vue spectaculaire et un lieu idéal pour se promener.

Comment se déplacer ?

En train : Agrigente est reliée à Palerme et à Caltanissetta par un service régional.

En bus : Liaisons régulières entre les principales villes siciliennes et Agrigente. Les liaisons sont assurées par Sais Trasporti S.p.A. et Ibus Srl.

À pied : Le centre d'Agrigente est à environ 5 km de la Vallée. Depuis la Via Crispi et la Via Panoramica dei Templi, on accède à l'entrée orientale (Temple de Junon).

SICILE

CHÂTEAU DE MUSSOMELI

MUSSOMELI – CALTANISSETTA

Tel un faucon de pierre dominant la vallée, le château de Mussomeli se profile au loin, à 778 mètres d'altitude. Construit entre le xive et le xve siècle, il est lié au nom de Manfredi III Chiaramonte, membre de l'une des familles les plus puissantes de la Sicile médiévale. Sa position stratégique, dans une zone frontalière, en fit une forteresse imprenable, conçue pour résister aux sièges grâce à ses murs robustes et ses passages secrets.

Le château devint célèbre au-delà de la Sicile pour les légendes et les histoires qu'il abritait dans ses murs. L'une d'elles est celle de Laura Lanza, baronne de Carini (un petit village sicilien). Laura entretenait une relation avec le cousin de son mari pendant plus de deux ans, mais un jour, les deux amants furent surpris ensemble par son mari. Dévasté, il attendit l'arrivée du père de Laura. Puis survint la tragédie : les deux amants furent abattus par des balles de mousquet. L'histoire devint publique, et bien que les coupables restèrent impunis grâce aux lois de l'époque, elle marqua profondément la mémoire populaire, transmise de manière vivante par des conteurs, écrivains et acteurs, donnant naissance à pas moins de 400 versions différentes, jusqu'à la découverte d'un document officiel daté de 1563.

Depuis des siècles, le château est une source d'inspiration pour les historiens, les artistes et les écrivains, fascinés par sa capacité à évoquer des époques lointaines, où la frontière entre réalité et mythe était bien plus fine.

Infos pratiques

Horaires d'hiver :
Du mardi au dimanche de 9 h 15 à 12 h 45.
Horaires d'été (à partir du 25 avril) :
Du mardi au dimanche de 9 h 15 à 12 h 45 et de 15 h 15 à 18 h 45.

Tarifs :
Entrée gratuite pour les enfants jusqu'à 6 ans / 7 à 20 ans 2 € / 21 à 65 ans 4 € / Plus de 65 ans 2 €

D'autres lieux extraordinaires :

- **Cathédrale de Santa Maria la Nova :** Un joyau du baroque sicilien, avec une façade richement décorée et un intérieur lumineux.
- **Village médiéval de Sutera :** Village perché sur une colline, avec des ruelles étroites et des maisons en pierre.
- **Musée et mine de Trabia Tallarita :** Un voyage fascinant dans le monde des mines de la province de Caltanissetta.
- **Musée minéralogique de Caltanissetta :** Partez à la découverte des minéraux et des fossiles, avec une collection de plus de 5 000 spécimens.

Comment se déplacer ?

En train : Trains régionaux entre Palerme et Catalnissetta.

En bus : Liaisons directes entre Palerme et Mussomeli en semaine, assurées par ATM Viaggi.

LE VOLCAN ETNA

CATANE

Les anciens Grecs l'ont identifié comme la demeure du dieu Héphaïstos, le forgeron des dieux, tandis que dans ses entrailles, les Cyclopes forgeaient les armes divines. La mythologie romaine l'associait à Typhon, le monstre emprisonné sous terre, dont la colère se manifestait par les éruptions. Au fil des siècles, l'Etna a été craint et vénéré, une présence constante qui a influencé la culture, la religion et les traditions locales.

Passons à la réalité, l'Etna est sans aucun doute un volcan record. C'est le volcan actif le plus élevé d'Europe, avec ses plus de 3300 mètres d'altitude, un symbole vivant de la Sicile, classé au patrimoine mondial de l'UNESCO, une station de ski en hiver, un parc naturel riche en sentiers et en randonnées en été, un laboratoire pour les volcanologues et les scientifiques du monde entier. Un colosse qui a fasciné et inquiété, créé des terres fertiles où l'on cultive les vignes des cépages locaux, et détruit des villages, des vies, jusqu'à effleurer les côtes de Catane. Son histoire commence il y a des millions d'années, lorsque des éruptions sous-marines ont façonné sa structure originelle. Depuis lors, le volcan est en constante évolution : les cratères s'ouvrent et se ferment, les coulées de lave transforment le paysage, les explosions redessinent le profil de la montagne.

L'Etna est l'incarnation de la force créatrice et destructrice de la nature, capable de façonner non seulement la géographie, mais aussi l'histoire humaine.

Infos pratiques

Les altitudes d'accès varient en fonction de la pente et sont souvent mises à jour ; le sommet ne peut être atteint qu'avec un guide alpin ou volcanologique.

Il est conseillé de faire appel à un guide dans tous les cas, en respectant les règles officielles.

© Éruption en 2013 Adobe Stock - Wead

D'autres lieux extraordinaires :

- **Marché aux poissons de Catane :** Une variété de produits locaux frais, y compris le poisson, les fruits, les légumes et l'artisanat.
- **Piazza dell'Elefante :** Dominée par la statue de l'éléphant, symbole de la ville, cette place est entourée de bâtiments historiques.
- **Acitrezza :** Petit village de pêcheurs, célèbre pour ses Faraglioni, formations rocheuses d'origine volcanique.
- **Forêt de « Santo Pietro Oriented Nature Reserve » :** Végétation méditerranéenne luxuriante et sentiers de randonnée.

Comment se déplacer ?

En train : Trains régionaux entre les principales villes siciliennes et Catane.

En bus : Service de transport public urbain dans la ville gérée par AMTS Catania.

À vélo : Il y a plusieurs locations de VTT près du Rifugio Sapienza pour explorer le parc en selle.

À pied : Le Chemin de Saint-Jacques retrace les pas du saint de Caltagirone à Capizzi.

EN

SICILE

VILLA ROMAINE DU CASALE

PIAZZA ARMERINA – ENNA

Au début, peu de personnes, peut-être même pas l'archéologue Paolo Orsi qui réalisa les premières fouilles en 1929, pensaient que la Villa Romana del Casale pourrait devenir l'un des monuments les plus importants de l'époque romaine. Au contraire, avec la progression des fouilles menées par l'archéologue Gino Vinicio Gentili à partir de 1950, une richesse inimaginable se révéla.

Les mosaïques qui décorent ses sols couvrent plus de 3 500 mètres carrés et sont, comme l'a défini le comité de l'UNESCO, les « meilleurs mosaïques en place dans tout le monde romain ».

Leurs pierres racontent un aperçu de la société romaine, avec des scènes de la vie quotidienne, de la mythologie et des activités de chasse. Il y a aussi une véritable carte de l'Empire de l'époque, avec des ports, des forêts et des villes comme Ostie, Carthage et Alexandrie. Parmi les représentations les plus célèbres, on trouve les « filles en bikini », qui sont en réalité des scènes de jeux athlétiques offrant un regard étonnamment moderne sur les vêtements de sport féminin de l'époque.

Construite entre le IIIe et le IVe siècle de notre ère, probablement comme résidence d'un aristocrate, dans une zone isolée, la villa était stratégique pour la production agricole et proche de routes de communication importantes. Les mosaïques n'étaient pas seulement décoratives, mais un signe clair de prestige, capables de raconter les valeurs et le statut du propriétaire, mais pas seulement. Ces œuvres montrent à tous, hier comme aujourd'hui, la grandeur de l'Empire, de l'histoire classique dans un monde qui changeait au rythme des conquêtes.

Infos pratiques

Ouvert tous les jours de 9 h à 19 h.

Dernière admission à 18 h.

Billets :
Plein tarif : 12 €
Tarif réduit : 6 €
Gratuit 1er dimanche du mois

© Alain Rimondi

D'autres lieux extraordinaires :

- **Morgantina :** Important site archéologique avec des établissements grecs et romains, dont un théâtre et un sanctuaire.
- **Lac Pergusa :** Ce lac naturel est une oasis de tranquillité et offre des promenades pittoresques.
- **Centre historique d'Enna :** Surnommée « le balcon de la Sicile » en raison de sa position panoramique, Enna possède un centre historique fascinant.
- **Castello di Lombardia :** Une imposante forteresse médiévale qui domine la ville.

Comment se déplacer ?

En bus : Service de transport public géré par SAIS Autolinee S.p.a. et Etna Trasporti.

SICILE

THÉÂTRE ANTIQUE DE TAORMINE

TAORMINE – MESSINE

Le Théâtre Antique de Taormine, le deuxième plus grand de Sicile après celui de Syracuse, représente l'un des héritages les plus extraordinaires du monde classique. Construit au IIIe siècle av. J.-C. par les Grecs, il était à l'origine lié à un sanctuaire sacré, dont il reste des traces au sommet de la "cavea". Pendant la période romaine, il subit d'importantes modifications, notamment au IIe siècle apr. J.-C., lorsqu'il fut adapté pour des spectacles de gladiateurs et des venationes : l'orchestre devint une arène, avec des structures souterraines pour créer des décors et des effets spéciaux.
Sa position est unique : taillé dans la colline, il offre une vue spectaculaire qui embrasse la mer Ionienne et l'Etna. Ce choix, en plus de garantir une acoustique parfaite, intégrait l'architecture au paysage, créant ainsi une scène naturelle époustouflante.
Au Moyen Âge, le théâtre fut partiellement utilisé comme résidence privée, mais tomba ensuite en désuétude. Son attrait renaquit pendant le Grand Tour, lorsque des artistes et des écrivains tels que Goethe le célébrèrent pour son panorama unique sur l'Etna et la mer Ionienne, un spectacle qui captive encore aujourd'hui.
Aujourd'hui, le théâtre est une scène vivante : il accueille des concerts, des opéras et des festivals comme le Taormina Film Fest. Avec une capacité moderne de 4 500 places, il a accueilli des artistes internationaux, d'Elton John à Patti Smith. Après plus de deux mille ans, il demeure un lieu vibrant, capable de marier histoire et modernité.

Infos pratiques

Horaires : de 9 h au coucher du soleil. L'accès au site est limité à 200 places disponibles toutes les 15 minutes.

Une autre façon de visiter le théâtre est de l'associer à l'un des nombreux événements du calendrier.

Tarifs :
10 € pour le billet plein tarif / 5 € pour le billet réduit / Gratuit pour les moins de 18 ans, les personnes handicapées, le premier dimanche du mois.

© Alain Rimondi

D'autres lieux extraordinaires :

- **Labyrinthe d'Ariane :** Situé au sommet d'une colline, non loin de la ville, il s'agit d'une œuvre artistique très particulière.
- **Château de Milazzo :** Datant de l'époque normande, il propose des expositions et des événements culturels dans ses murs.
- **Novara di Sicilia :** Un charmant village médiéval caractérisé par des ruelles étroites, des églises anciennes et des vues sur la campagne.
- **Les îles Éoliennes :** Archipel volcanique composé de sept îles principales.

Comment se déplacer ?

En train : Trains régionaux entre Messine, Taormine et Catane.

En bus : Service de transport public urbain dans la ville géré par l'ASM Taormina.

À pied : De Palerme à Messine en 21 jours, entre forteresses normandes, coupoles arabes, réserves naturelles et délices gastronomiques sur la Via Normanna.

SICILE

MACSS MUSÉE ARTE CONTEMPORANEA SOTTOSALE

PETRALIA SOPRANA – PALERME

Caché dans les profondeurs de la Sicile, à la frontière du Parc Naturel des Madonies, le Musée d'Art Contemporain « Sotto Sale » est une perle unique dans le paysage artistique italien. L'espace d'exposition se trouve en effet à l'intérieur de la mine de sel active de Raffo, où le minerai est encore extrait sous forme de pierre, formée dans des conditions géologiques particulières il y a environ six millions d'années. La mine s'étend sur huit niveaux souterrains, avec quatre-vingts kilomètres de galeries empruntées chaque jour par les mineurs, les machines et les techniciens. Mais aussi par des artistes. Ce n'est pas un musée traditionnel : ici, les œuvres d'art cohabitent dans un ancien lieu de travail avec un environnement fait de murs salins scintillants et de formations minérales qui racontent des millions d'années d'histoire géologique.

Mais d'où proviennent les œuvres ? Les quelque quarante œuvres exposées sont des sculptures réalisées avec des matériaux extraits des carrières, travaillés à l'extérieur de la mine lors d'événements artistiques biennaux. À la fin de ces événements, les œuvres sont installées à l'intérieur, où le climat sec et pauvre en humidité favorise leur conservation, les répartissant sur un parcours d'environ 600 mètres qui conjugue géologie et art. Inauguré pour valoriser le patrimoine minier local, le musée représente également un symbole de régénération culturelle. Le visiter, c'est entreprendre un voyage multisensoriel dans un lieu où le passé minier rencontre la créativité moderne.

Infos pratiques

Le musée n'est accessible que par ses propres moyens. Pour plus d'informations ou pour réserver une visite +39 366 387 8751 ou associazionesottosale@gmail.com

L'accès est interdit aux enfants de moins de 12 ans, pour les personnes handicapées, autorisé sous réserve d'un avis préalable.

Plein tarif 10 € / Tarif réduit (entre 12 et 18 ans) 8 € /Gratuit pour les personnes handicapées.

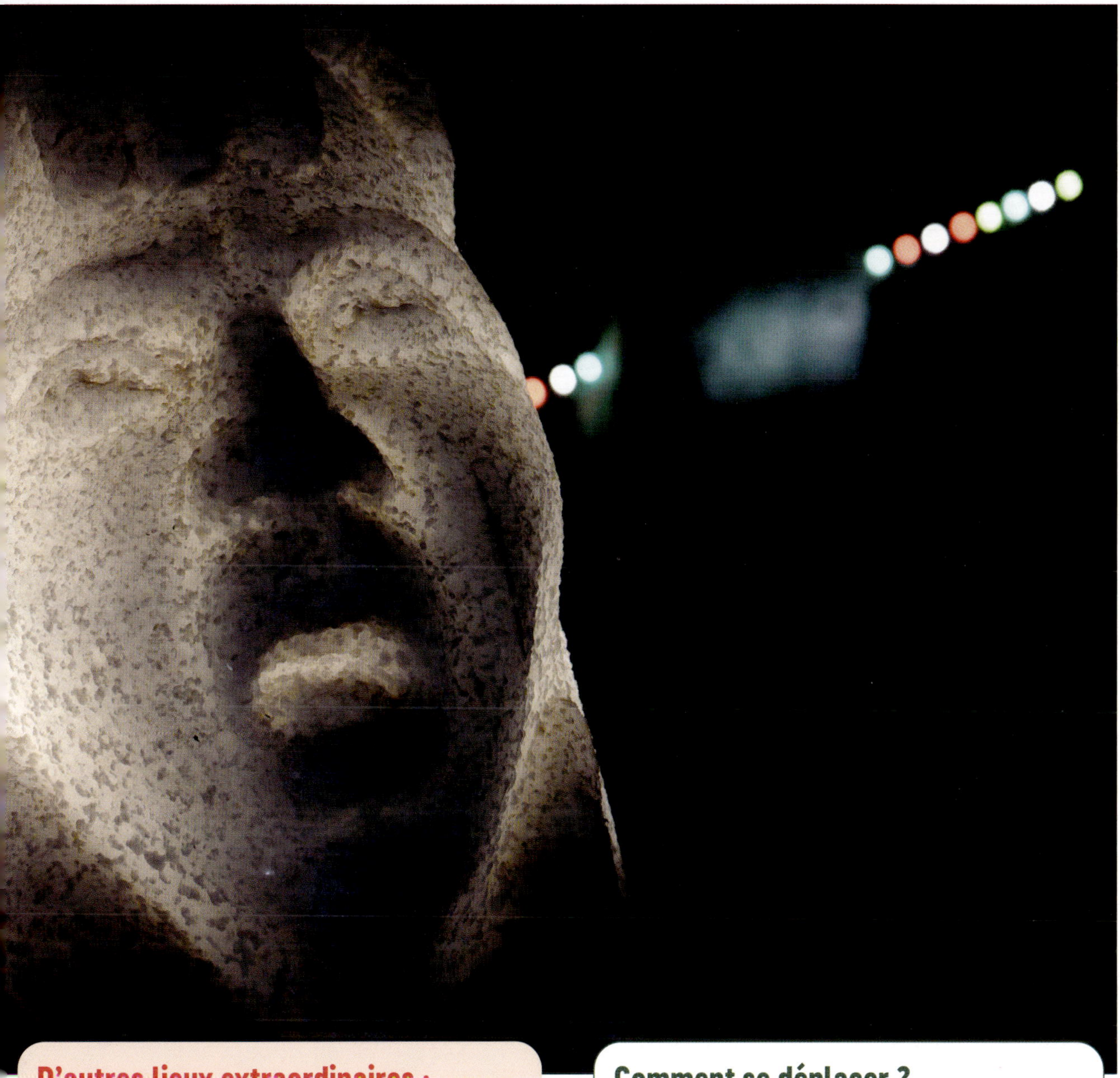

© BAr Ieggasi Bartolo Chichi

D'autres lieux extraordinaires :

- **Cathédrale de Palerme :** Chef-d'œuvre de l'architecture normande, elle mélange les styles arabe, normand et baroque.
- **Monreale :** Célèbre pour ses magnifiques mosaïques byzantines, qui racontent des histoires bibliques dans des couleurs vives et des détails complexes.
- **Chapelle Palatine :** Un joyau de l'art byzantin et normand, avec des mosaïques dorées et des fresques richement décorées.
- **Sanctuaire de la Madonna di Tagliavia :** Abrite une statue vénérée de la Madone.

Comment se déplacer ?

En bus : Service public géré par Azienda Siciliana Trasporti S.p.a.

À pied : Le Cammino dei Mille s'inspire de l'expédition du général Garibaldi et retrace fidèlement les dix derniers jours de l'épopée de Garibaldi, ceux qui ont conduit à la libération (conquête pour certains) de Palerme le 27 mai 1860.

À cheval : Au cœur de la Sicile, parmi les montagnes Sicani. Une expérience enchanteresse combinant la passion pour les chevaux et la nature.

RG

DUOMO DI SAN GIORGIO

MODICA – RAGUSE

Modica, ville gardienne de la tradition du chocolat aztèque, est également un symbole du grandiose baroque sicilien, qui y trouve sans aucun doute l'une de ses plus belles expressions.

Le Duomo de San Giorgio s'élève majestueusement au bout d'un spectaculaire escalier de deux cent cinquante marches, réalisé en 1818. L'église, telle qu'elle est aujourd'hui, est le fruit de la reconstruction après les terribles tremblements de terre de 1542, 1613 et surtout 1693. Ce dernier, qui dévasta la vallée de Noto, inspira une renaissance architecturale qui stimula l'essor du baroque, incarnant une réponse grandiose à la tragédie et consacrant des maîtres tels que Rosario Gagliardi, à qui l'on attribue la conception du duomo. Rouverte en 1738, la structure à cinq nefs est soutenue par 22 colonnes avec des chapiteaux corinthiens, qui encadrent un intérieur riche en trésors artistiques.

Parmi les œuvres conservées à l'intérieur, figurent des peintures qui racontent la vie de Saint-Georges, représentant la Vierge de la Neige et bien d'autres, réalisées par des artistes venus de tout le territoire national.

Une méridienne pavée et la façade audacieuse en forme de tour couronnent le symbole religieux et artistique de la ville, qui incarne la résilience de la communauté face aux catastrophes naturelles, dans un triomphe de spectaculaire beauté audacieuse.

Infos pratiques

Accès libre pendant les heures d'ouverture, en dehors des messes et des rites religieux.

© Adobe Stock – daliu

D'autres lieux extraordinaires :

• **Château de Donnafugata :** Un château somptueux entouré de magnifiques jardins paysagers, situé entre Raguse et Scicli.

• **Cave d'Ispica :** Un canyon naturel impressionnant situé entre Modica et Ispica, riche en grottes préhistoriques, nécropoles rupestres et établissements médiévaux.

• **Scicli :** Un charmant village ancien riche en architecture baroque, églises, palais historiques et une atmosphère authentique.

• **Punta Secca :** Le village du commissaire Montalbano, où l'on peut visiter la maison du célèbre personnage littéraire des romans d'Andrea Camilleri.

Comment se déplacer ?

En bus : Service de transport géré par Trenitalia S.p.a.

SICILE

NÉCROPOLE DE PANTALICA

SORTINO – SYRACUSE

À environ quarante kilomètres de l'ancienne ville grecque de Syracuse, nous rencontrons une région témoin du développement de la civilisation sur plus de trois millénaires, officiellement reconnue comme patrimoine de l'humanité. La Nécropole de Pantalica se compose de plusieurs milliers de tombes creusées dans les parois escarpées de la vallée du fleuve Anapo.
Ce lieu, habité depuis l'âge du bronze (XIIIe siècle av. J.-C.), fut un important centre de la culture sicule, lorsque les communautés locales cherchaient refuge sur les hauteurs pour échapper aux incursions des colons grecs.
Les tombes en petites grottes artificielles témoignent non seulement de l'habileté technique de ces populations, mais aussi d'une organisation sociale avancée. Le site ne servait pas uniquement de nécropole : un peu plus haut se trouvait probablement un centre habité, avec des maisons et des fortifications. Parmi ces structures, une seule a survécu jusqu'à nous, peut-être la seule construite en pierre : l'Anaktoron, le mystérieux « Palais du Prince ». Sa présence suggère une organisation politique solide, tandis que l'architecture, similaire à celle des palais mycéniens, souligne l'existence de liens entre les peuples à travers la Méditerranée.
Entre des gorges profondes et des parois calcaires se crée un décor d'une beauté extraordinaire. La vallée fait partie de la Réserve Naturelle Orientée de Pantalica, Vallée de l'Anapo et Torrent de Cava Grande, une zone protégée qui conserve une biodiversité extrêmement riche, idéale pour être découverte à pied.

Infos pratiques

Accès gratuit depuis Sortino ou la commune de Ferla (entrée conseillée).

© Iris Marischi

D’autres lieux extraordinaires :

• **Théâtre Grec de Syracuse :** L’un des théâtres grecs les mieux conservés au monde, situé au cœur de l’antique ville de Syracuse et encore utilisé.

• **Marzamemi :** Connue pour sa beauté architecturale et son atmosphère suggestive, ainsi que pour la production de thon.

• **Réserve naturelle de Cavagrande del Cassibile :** Gorges profondes, lacs d’émeraude et panoramas à couper le souffle, idéaux pour les excursions et les baignades.

• **Ortigia :** Renommée pour sa charmante vieille ville, pleine de ruelles pittoresques, de places animées, d’églises anciennes et de bâtiments historiques.

Comment se déplacer ?

En bus : Service public géré par la société Azienda Siciliana Trasporti S.p.a

SICILE

LES SALINES DE TRAPANI ET PACECO

TRAPANI

Le tronçon de côte qui s'étend de Trapani à Marsala, colonisé par les Phéniciens il y a environ 2800 ans, continue d'envoûter par ses paysages étonnants. Ici, d'anciens moulins à vent se dressent encore, fournissant jadis l'énergie nécessaire au traitement du sel, connu depuis l'Antiquité comme « l'or blanc » qui a alimenté le commerce pendant des millénaires.
L'extraction du sel à partir de l'eau de mer est une tradition très ancienne. Les bassins, grâce aux techniques employées et à la géomorphologie particulière de la côte, forment un environnement qui, bien qu'en grande partie artificielle, abrite une grande diversité biologique, allant des bactéries microscopiques aux oiseaux majestueux.
Mais que signifie réellement extraire le sel de l'eau de mer ? Suffit-il de faire évaporer l'eau pour en récolter le produit ? Pas tout à fait, car ce produit contient d'autres composants, potentiellement toxiques pour notre organisme. Il faut d'abord trouver un moyen de séparer ces substances du chlorure de sodium, le véritable sel. Dans les salines, cela se fait depuis des siècles grâce à des méthodes traditionnelles : un réseau de bassins permet la précipitation progressive de ces impuretés au fond.
Les salines de Trapani et de Paceco sont un vestige de nature préservée de l'expansion urbaine grâce à l'instauration de la Réserve. En plus d'être parmi les dernières salines encore productives en Sicile, elles constituent un trésor où activités productives et conservation de la biodiversité coexistent harmonieusement.

Infos pratiques

Le centre de visite « Moulin Maria Stella » peut toujours être visité à l'occasion de visites guidées (en italien uniquement), qui peuvent être réservées à l'adresse www.wwfsalineditrapani.it.

Ouvert en été les jeudis et vendredis 16 h - 19 h et les dimanches 10 h 30 - 12 h et 16 h - 19 h.

© Adobe Stock - AnnaReinert

D'autres lieux extraordinaires :

- **Gibellina :** Une importante ville d'art en Sicile, célèbre pour son architecture contemporaine et ses œuvres d'art modernes.
- **Erice :** Charmante ville médiévale perchée sur une colline, avec ses rues pavées, ses églises anciennes et ses remparts.
- **Réserve naturelle du Zingaro :** Une oasis de nature intacte le long de la côte nord-ouest de la Sicile.
- **Les caves historiques de Donnafugata :** Plongez dans la tradition vinicole de la région, notamment le Marsala et d'autres vins siciliens.

Comment se déplacer ?

En train : Trains régionaux entre Palerme et Trapani.

En bus : Service de transport public urbain dans la ville géré par ATM S.p.a. Trapani.

À vélo : Certains tour-opérateurs proposent des visites des salines à vélo, entre 40 et 100 € par personne selon les services choisis.

REMERCIEMENTS

Alain Rimondi

Ce livre signifie beaucoup pour moi, la concrétisation d'un désir longtemps attendu, fruit des expériences acquises au cours de mes dix dernières années de travail comme guide de cyclotourisme en Italie. En effet, pour bon nombre de ces lieux, j'ai eu le plaisir de les visiter encore et encore, créant des souvenirs inoubliables avec mes compagnons et compagnes de voyage. Mais quel choix difficile ! Eh oui, j'aurais aimé inclure bien d'autres endroits extraordinaires.

Toute ma gratitude va à la co-auteure et compagne de vie Aurore Lucas pour avoir éveillé en moi l'étincelle de ce projet spectaculaire et pour m'avoir soutenu à chaque instant pour cette publication, tout comme dans la vie.

Je remercie également mes parents, qui, en me transmettant leur passion pour les découvertes et l'aventure, ont façonné le petit grand voyageur que je suis. Il y a certainement beaucoup d'eux dans ces lignes.

Je tiens également à remercier chaleureusement Romain Naudin, directeur éditorial de La Geste, pour avoir soutenu ma passion de partager les beautés italiennes avec vous, lecteurs, et toute l'équipe pour avoir contribué à créer ce que vous tenez entre vos mains.

Enfin, je voudrais remercier tous les amis, collaborateurs et toutes les personnes qui ont contribué par leurs conseils, leurs photographies et leurs opinions à enrichir ces pages.

Aurore Lucas

Ce livre a été une véritable exploration, un voyage photographique partagé, une fenêtre grande ouverte sur l'Italie de mes rêves, celle que j'ai tant souhaité parcourir dans ses moindres recoins. Si j'avais eu le pouvoir de me démultiplier, j'aurais exploré chaque village, chaque rue, chaque panorama de ce pays enchanteur. Mais déjà très heureuse, en capturant plus de 40 lieux à travers la péninsule, j'ai pu m'immerger dans ses merveilles et me laisser transporter par sa beauté intemporelle.

Je suis profondément reconnaissante envers tous ceux qui ont contribué à donner vie à ce projet : les photographes passionnés, les offices de tourisme inspirants, les sites chargés d'histoire, et les amis généreux qui ont partagé leurs clichés précieux. Pour les lieux où je n'ai pas pu me rendre, faute de temps ou de moyens, les images trouvées sur Adobe Stock ont enrichi ce voyage visuel, tout en honorant le talent de leurs auteurs. Chaque photo choisie a fait l'objet d'un soin particulier, pour capter la lumière parfaite, révéler l'âme des lieux et mettre en valeur ce qui les rend uniques.

Et pour finir, partager cette aventure pour la première fois avec mon compagnon de vie, Alain Rimondi, a été un honneur immense, une expérience qui a donné à ce projet une saveur encore plus spéciale.

Village de Pietrapertosa

Par ce logo, nous témoignons d'une volonté de réduire les impacts environnementaux liés aux activités de l'imprimerie. Nous choisissons un imprimeur impliqué dans la réduction des gaz à effet de serre. Le choix de nos papiers assure que la production a été faite à partir d'un produit à base de bois et a suivi le cahier des charges d'une gestion durable des forêts européennes.
Achevé d'imprimer chez Typo'libris en Turquie en avril 2025.

Métive
un art de vivre

www.gesteditions.com

Mise en page : Delphine Panel

Dépôt légal : premier semestre 2025
n° d'impression : 25020356

11, rue Norman-Borlaug
79260 La Crèche
05 49 05 37 22
contact@gesteditions.com